Die Restabilisierung der gesetzlichen Rentenversicherung

Reviewed Research. Auf den Punkt gebracht.

VS College richtet sich an hervorragende NachwuchswissenschaftlerInnen. Referierte Ergebnisse aus Forschungsprojekten oder Abschlussarbeiten werden in konzentrierter Form der Fachwelt präsentiert. Zur Qualitätssicherung werden externe Begutachtungsverfahren eingesetzt. Eine kompakte Darstellung auf 60 bis maximal 120 Seiten ist dabei das Hauptkennzeichen der neuen Reihe.

Florian Gräßler

Die Restabilisierung der gesetzlichen Rentenversicherung

Eine evolutionstheoretische Analyse der Reformen zwischen 2001 und 2007

Springer VS

COLLEGE

Florian Gräßler
Dresden, Deutschland

ISBN 978-3-531-19325-0 ISBN 978-3-531-19326-7 (eBook)
DOI 10.1007/978-3-531-19326-7

Die Deutsche Nationalbibliothek verzeichnet diese Publikation in der Deutschen Nationalbibliografie; detaillierte bibliografische Daten sind im Internet über http://dnb.d-nb.de abrufbar.

Springer VS

Einbandentwurf: KünkelLopka GmbH, Heidelberg

Gedruckt auf säurefreiem und chlorfrei gebleichtem Papier

Springer VS ist eine Marke von Springer DE. Springer DE ist Teil der Fachverlagsgruppe Springer Science+Business Media
www.springer-vs.de

Für meine Eltern

Geleitwort

Warum fällt es so schwer, die Institution der gesetzlichen Rentenversicherung zu reformieren – und unter welchen Umständen kann dies dennoch gelingen? Auf diese Frage gibt Florian Gräßler in diesem Buch eine höchst erhellende Antwort. Er begnügt sich nicht damit, Fakten über Zustände und Entwicklungen so zusammenzutragen, als „sprächen sie für sich selbst". Das tun sie nämlich nie; immer ist es der Betrachter oder Leser, dessen eigene Stimme im „Reden der Fakten" wiederklingt. Und Herr Gräßler begnügt sich auch nicht damit, ein politisches Problem einfach politisch zu entfalten, also dessen unterschiedlichen Wahrnehmungen und Therapievorschläge gegeneinander abzuwägen. Um viel mehr geht es in diesem Buch: darum nämlich, wie man eine „institutionelle Architektur" analytisch erschließt und, sie vor Augen, gleich einem Ingenieur sich Gedanken über deren nicht nur wünschenswerten, sondern auch möglichen Umbau macht.

Das verlangt dann freilich analytisches Sonderwissen, das einem weder das Zusammentragen der einschlägigen Fakten noch die Abwägung politischer Interessen verschafft. Vielmehr braucht es eine Theorie institutioneller Architektur und ihrer Entwicklung, die am jeweils betrachteten Einzelfall die ihn übergreifenden, auch ihm zugrunde liegenden, Zusammenhänge zu erkennen erlaubt. Eine solche Theorie – die des Evolutorischen Institutionalismus – wendet Herr Gräßler bei seiner Untersuchung gekonnt an. Insofern legt er eine weitere Referenzstudie für den praktischen Wert dieses neuen institutionenanalytischen Ansatzes vor.

Insgesamt verschafft der Verfasser dem Leser etliche überraschende Einsichten, etwa über die fünf zentralen Pfeiler institutioneller Architektur und somit auch unseres Rentenversicherungssystems. Außerdem beweist Herr Gräßler immer wieder analytische Kreativität, etwa bei der Entdeckung jenes „staatlichen Vormundschaftsmechanismus", über welchen die Rentenversicherung bislang im Alter einen auskömmlichen, ja oft recht guten Lebensstandard sicherte, der aber auf Voraussetzungen beruht, zu deren Erosion er selbst beiträgt. Und bei der Beschreibung der institutionellen Bebürdungsstrukturen unseres Rentenversicherungssystems denkt Herr Gräßler nicht nur an einander überschichtende Rollenstrukturen, sondern auch an einander überschichtende Sinnstrukturen, die ihrerseits der sozialen Strukturbildung zugrunde liegen. So vorgehend, reduziert der Verfasser seinen Gegenstand – die überaus komplexe Sachinstitution unserer Rentenversicherung – gerade nicht auf gesetzliche Grundlagen und wirtschaftliche Prozesse, sondern zeigt auf, was aus alledem an sekundärer Institutionalisierung und an konkreten (Dys-) Funktionen folgt. Eben das aber muss im Sinn haben, wer so manches Scheitern von Reformen, wer so manchen Übermut bei der Nutzung unseres Rentensystems verstehen und eine Politik entwickeln will, die das Rentensystem nachhaltig zu stabilisieren verspricht.

Gerade auch den über Reformen vorangetriebenen Wandel unseres Rentensystems untersucht der Verfasser. Dabei zeigt er, dass man mit Geschichte viel mehr unternehmen kann, als sie einfach „nachzuzeichnen". Sein Theorieansatz erlaubt ihm vielmehr, gleichsam die „Mechanik" von Institutionengeschichte zu verstehen und von daher zu Abschätzungen tauglicher Reformmaßnahmen zu gelangen. Florian Gräßler zeigt sogar bis ins Detail, auf welche Weise nicht-ideologische, gerade nicht von politischem Wunschdenken geprägte Vorab-Evaluationen von Reformmaßnahmen möglich sind. Instrumente, die solches erlauben, sind erforderlich für rationale Politik. Insofern ist dieses Buch gerade auch von praktisch-politischem Interesse – und nicht nur von akademischem.

Zwei Nutzerkreise dürften sich von diesem Buch besonders angesprochen fühlen. Erstens sind das alle, die sich mit unserem Rentensystem, seinen Problemen und den erforderlichen Reformen befassen. Sie finden hier nicht nur die wichtigen Fakten, sondern auch tragfähige Einsichten in jene Zusammenhänge, denen diese Fakten überhaupt erst ihr Auftreten und ihre Beschaffenheit verdanken. Zweitens ist dieses Buch all jenen nützlich, die nach Möglichkeiten einer sowohl auf Grundlagenforschung aufbauenden als auch unmittelbar praxisdienlichen Institutionenforschung suchen. Ihnen wird der hier exemplarisch angewandte Evolutorische Institutionalismus von großem Nutzen sein. Ich selbst habe mich gefreut, Herrn Gräßler während seines Studiums begleiten zu können, seine Masterarbeit zu betreuen und sie nun in Buchform erscheinen zu sehen. Möge diese Publikation viele Leser, Nutzer und Nachfolger finden!

Prof. Dr. Werner J. Patzelt

Inhalt

1 Die Institution der gesetzlichen Rentenversicherung zwischen Reform und Krise 11

1.1 Problem- und Fragestellung 11
1.2 Methodisches Vorgehen, theoretischer Ansatz und politikwissenschaftliche Relevanz 13
1.3 Forschungsstand und Schrifttum 16
1.4 Gliederung und Vorgehensweise 20

2 Die institutionelle Architektur der gesetzlichen Rentenversicherung 23

2.1 Leitidee und zentrale Ordnungsvorstellungen 24
2.2 Grundbauplan und zentrale Memplexe 26
2.3 Funktionen der gesetzlichen Rentenversicherung 33
2.4 Zentraler institutioneller Mechanismus 37
2.5 Institutionelle Bebürdungsstrukturen 39
2.6 Institutionelle Form und praktizierte institutionelle Form 40

3 Die Ursachen der institutionellen Krise und ihre Folgen 45

3.1 Demografische Entwicklung 48
3.2 Entwicklung des Arbeitsmarktes 50
3.3 Expansion des Sozialstaats 52
3.4 Die Folgen für die institutionelle Fitness der gesetzlichen Rentenversicherung 54

4 Die Antwort auf die institutionelle Krise: Die drei Rentenreformen zwischen 2001 und 2007 57

4.1 Das Altersvermögensgesetz von 2001 58
4.2 Das RV-Nachhaltigkeitsgesetz von 2004 62
4.3 Das RV-Altersgrenzenanpassungsgesetz von 2007 67

5 Die Analyse der fitness-steigernden Wirkungen der drei Rentenreformen auf die gesetzliche Rentenversicherung 71

5.1 Das Altersvermögensgesetz von 2011 73
5.2 Das RV-Nachhaltigkeitsgesetz von 2004 76
5.3 Das RV-Altersgrenzenanpassungsgesetz von 2007 78
5.4 Die institutionelle Fitness der gesetzlichen Rentenversicherung nach den Reformen zwischen 2001 und 2007 80

6 Zusammenfassung und Schlussfolgerungen 85

6.1 Antworten, Ergebnisse und Einsichten zur Reform der Institution der gesetzlichen Rentenversicherung 85
6.2 Exkurs: Zu den politischen Einflussfaktoren von Rentenreformen.. 92
6.3 Der Evolutorische Institutionalismus und die Analyse von Stabilität und Wandel der gesetzlichen Rentenversicherung.. 94

7 Literatur 97

1 Die Institution der gesetzlichen Rentenversicherung zwischen Reform und Krise

1.1 Problem- und Fragestellung

Alljährlich erregt die Festsetzung der Rentenanpassung zum 1. Juli bundesweites Interesse. Immer dann erringt das 1957 eingeführte, dynamische und umlagefinanzierte Rentensystem die Aufmerksamkeit der Medien und der Öffentlichkeit und immer dann werden die gleichen Fragen und Debatten über Zustand und Zukunft der gesetzlichen Rentenversicherung[1] geführt. Bis Ende der 1980er Jahre erzielte das Rentensystem stets positive Anpassungen, die Renten stiegen parallel zu Löhnen und Gehältern. Doch in den zurückliegenden Jahren mussten sich die Rentner vermehrt mit einem „Inflationsausgleich" oder gänzlich mit einer „Nullrunde" begnügen. Die Institution der gesetzlichen Rentenversicherung (GRV) verlor offenkundig an Leistung und funktionierte nicht mehr richtig. Besonders seit der Jahrtausendwende traten die Krisensymptome offen zu Tage und manifestierten sich im gesellschaftlichen Bewusstsein als

---

1 Darunter wird formal die „Rentenversicherung der Arbeiter und Angestellten" verstanden. Deren Trägerstruktur (Institutionenorganisation) wurde 2004 durch das „Gesetz zur Organisationsreform in der gesetzlichen Rentenversicherung" reorganisiert: Fortan existieren nur noch ein Träger für die allgemeine Rentenversicherung und ein Träger für die knappschaftliche Rentenversicherung. Zum einen wurden die Arbeiterrentenversicherung (der Verband Deutscher Rentenversicherungsträger) und die Angestelltenrentenversicherung (die Bundesversicherungsanstalt für Angestellte) zu dem neuen Träger „Deutsche Rentenversicherung Bund" zusammengeschlossen. Zum anderen wurden die Bahnversicherungsanstalt, die Bundesknappschaft und die Seekasse zur „Deutschen Rentenversicherung Knappschaft-Bahn-See" fusioniert (vgl. Bundesministerium für Arbeit und Soziales 2010: 10).

„Rentenkrise"[2]. Bereits Ende der 1980er Jahre zeichneten sich strukturelle Finanzierungslücken ab. Jedoch wurde der notwendige Reform- und Stabilisierungsbedarf in den 1990er Jahren nicht bewältigt, bis schließlich der Rentenversicherung zu Beginn der 2000er Jahre der finanzielle Kollaps drohte. Einige Politiker, Ökonomen und Rentenexperten stellten die Systemfrage und forderten die Einführung einer steuerfinanzierten Altersvorsorge oder eines Kapitaldeckungsverfahrens. Sie hielten die beitragsfinanzierte Umlagefinanzierung für nicht mehr praktikabel und überlebensfähig. Quo vadis GRV? – Doch dank eines langwierigen und anspruchsvollen Reform-Marathons zwischen 2001 und 2007, der das bestehende System an vielen Stellen umbaute und neu justierte, erlangte sie neue institutionelle Stabilität und bekam wieder eine Zukunftsperspektive.

Seit ihrer Einführung im Jahr 1957 unterlag die dynamische umlagefinanzierte Rentenversicherung zahlreichen Reformen. Bis 1990 blieb die Zahl substantieller Reformvorhaben überschaubar; ab 1990 verdichteten sich die Reformbemühungen und folgten in immer kürzeren Abständen. Trotz intensiver Anstrengungen gelang es nicht, das Rentensystem langfristig zu stabilisieren und den Reformdruck zu vermindern. Letztlich erfolgten zwischen 2001 und 2007 im Drei-Jahres-Rhythmus tiefgreifende Reformen in der GRV. Aufgrund der kurzen Abfolge und der offenbar geringen Halbwertszeiten der Reformen schienen baldige Erfolge und ein Ende des Reformierens zunächst nicht in Sicht. Erst am Beginn des neuen Jahrzehnts zeigte sich, dass sich die GRV allmählich restabilisierte und weitere Reformanstrengungen nicht notwendig waren. Im Nachhinein lässt sich dies als eine große Reformphase interpretieren, die von der rotgrünen Regierung unter Bundeskanzler Schröder im Jahr 2001 initiiert und von der großen Koalition unter Bundeskanzlerin Merkel im Jahr 2007 konsequent zum Abschluss gebracht wurde. Aus der Beobachtung

---

2 Siehe dazu z.B.: Spiegel-Titelthema, 1999: Die Baby-Lücke. Geburtenrückgang mit dramatischen Folgen: Vergreisung, Rentenkrise, Explosion der Gesundheitskosten, in: Der Spiegel, 30. August 1999, Heft 35, Seite 1; Schmitz, Heinz, 2003: Deutschland sucht Wege aus der Rentenkrise, in: Handelsblatt, 14. Mai 2003, S. 3; Wittstock, Uwe, 2004: Seit 30 Jahren sagt das „Bundesinstitut für Bevölkerungsforschung" Deutschlands Rentenkrise voraus – aber keiner will es hören. Die Grundlage für die Arbeit der Bundesregierung, in: Die Welt, 23. März 2003, S. 27.

der institutionellen Entwicklung der Rentenversicherung resultiert der empirische Befund, dass es zunehmend schwerer fiel und fällt, die Institution erfolgreich und nachhaltig zu reformieren. In Anbetracht der Reformphase von 2001 bis 2007 lässt sich daher als forschungsleitende Frage formulieren: Warum fällt es so schwer, die Institution der gesetzlichen Rentenversicherung zu reformieren, und unter welchen Umständen kann es dennoch gelingen?

1.2 Methodisches Vorgehen, theoretischer Ansatz und politikwissenschaftliche Relevanz

Um die Forschungsfrage zu beantworten, werden die jüngsten Reformbemühungen der gesetzlichen Rentenversicherung herangezogen und hinsichtlich ihrer Inhalte und Ziele sowie hinsichtlich ihrer Implementation und Wirkungen untersucht. Unter Reform wird eine größere, planvolle, gewaltfreie Umgestaltung bestehender Institutionen, Systeme und Zustände verstanden. Im Einzelnen fokussiert sich die Arbeit auf die drei großen Renten-Reformprojekte des letzten Jahrzehnts, die innerhalb von nur sieben Jahren geschahen: das Altersvermögensgesetz von 2001 („Riester-Rente"); das RV-Nachhaltigkeitsgesetz von 2004 („Nachhaltigkeitsfaktor"); und das RV-Altersgrenzenanpassungsgesetz von 2007 („Rente mit 67"). Als forschungsleitende Theorie dient der Evolutorische Institutionalismus, der gleichwertig die Konstruktion, die Stabilität und den Wandel von Institutionen zu erklären vermag. Was diesen im Sonderforschungsbereich „Institutionalität und Geschichtlichkeit" der Technischen Universität Dresden entwickelten Ansatz[3] für die Untersuchung von Reformprozessen und die für Erforschung von Institutionenrestabilisierung prädestiniert, ist, dass er sozialwissenschaftliche Analyse und evolutionstheoretisch geprägte geschichtswissenschaftliche Forschung miteinander verbindet. Damit steht ein geeigneter theoretischer Rahmen zur Verfügung, um ein hinreichendes Verständnis über Struktur und

3 Der Evolutorische Institutionalismus wurde im Teilprojekt K des Sonderforschungsbereiches „Institutionalität und Geschichtlichkeit" der Technischen Universität Dresden unter Leitung von Prof. Dr. Werner J. Patzelt zusammen mit Dr. Christian Demuth und Dr. Jakob Lempp entwickelt.

Funktionsweise sowie über Entwicklung und Wandel der GRV zu entwickeln. Das zur Beantwortung der Forschungsfrage heranzuziehende Schrifttum lässt sich dazu in drei Gruppen gliedern: (1) Literatur über die Theorie und Anwendung des Evolutorischen Institutionalismus und andere politikwissenschaftlich-theoretische Literatur über Reform- und Stabilisierungspolitik; (2) rechts-, wirtschafts- und politikwissenschaftliche Sekundärliteratur über die Institution der GRV, deren Geschichte und Reformen z.B. diverse Monografien, Sammelbände oder Zeitschriftenaufsätze; (3) von der Deutschen Rentenversicherung Bund – als Träger der GRV – und von der Bundesregierung herausgegebene Primärliteratur wie Berichte, Statistiken, Prognosen, Broschüren oder Gesetzestexte. Aus dieser Materialflut wird die geeignete und einschlägige Literatur zur Beantwortung der Forschungsfrage ausgewählt. Methodisch erfolgt die Inhaltsanalyse der Dokumente durch Lesen, Exzerpieren und Interpretieren – verbunden mit einem hermeneutischen Erkenntnisprozess.

Wenn man Erkenntnisse darüber gewinnt, warum sich zum einen die GRV so schwer reformieren lässt und zum anderen unter welchen Umständen es dennoch gelingen kann, dann versetzt man sich in die Lage, zukünftige Reformprozesse richtig und erfolgreich ins Werk zu setzen – eben ohne all zu viele unerwartete Folgen und Nebeneffekte. Als mächtigste Säule des deutschen Sozialstaats generiert die GRV ein hohes Maß an gesellschaftlicher Wohlfahrt und stabilisiert die Bundesrepublik: für rund ein Viertel der Bevölkerung stellt die Rente die Haupteinkommensquelle dar; insgesamt erreichten die Rentenausgaben im Jahr 2010 eine Höhe von 240 Milliarden Euro (vgl. Deutsche Rentenversicherung Bund 2011: 20f.). Sie leistet einen wichtigen Beitrag zum gesellschaftlichen Frieden, ermöglicht einen fairen Ausgleich und ein Miteinander zwischen den Generationen. Daher besteht ein elementares Interesse, die GRV langfristig zu erhalten und zukunftsfest zu machen. Neben der konkreten Herausforderung für die Politikberatung, das bestehende Rentensystem konsolidieren zu helfen, sollen mithilfe des Evolutorischen Institutionalismus auch generelle Einsichten gewonnen werden, warum Reformen einerseits gelingen und andererseits scheitern können. Denn die Theorie eignet sich nicht nur, um fallspezifische Aussagen zu generieren, sondern sie ermöglicht es ebenso, gegenstandsunabhänige theoretisch fundierte Aussagen und Prognosen über Erfolg und Misserfolg von Reformen zu formulieren. Die Arbeit soll die Eignung und Leistungsfähigkeit des Evolutorischen Institutionalismus als eine fruchtbare Theorie, mit der sich erhellend und erkenntnisträchtig Politikfeldanalyse betreiben lässt, unter Beweis stellen.

Der Evolutorische Institutionalismus vermittelt ingenieurhaftes Wissen und Kenntnisse darüber, wie Institutionen mittels Reformen auf ihre Umwelt passgenau und funktionserfüllend abgestimmt werden können sowie welche Probleme und Fehler dabei auftreten können. Dementsprechend untersucht die Arbeit, inwieweit es dem Gesetzgeber durch die drei großen Reformprojekte zwischen 2001 und 2007 gelang, die Passung und Funktionsfähigkeit der in die Krise geratenen Rentenversicherung zu verbessern. Dabei interessiert es weniger, inwieweit der Gesetzgeber überhaupt in der Lage war, Reformen politisch durchzusetzen. Im Mittelpunkt steht vielmehr, ob sich die verabschiedeten Reformen als institutionenrestabilisierend erwiesen oder nicht. Das Erkenntnisinteresse richtet sich auf die Qualität und die Tauglichkeit der Reformen und weniger auf die politischen Prozesse und Strukturen, unter denen sie zustande kommen. Denn die Politikwissenschaft befasst sich bereits ausgiebig mit Ursachen und Faktoren, die den reformerischen Aus-, Um- oder Abbau des Sozialstaats ermöglichen bzw. hemmen (vgl. Stuchlik 2010a). Dabei lassen sich die möglichen Erklärungsansätze für die politische Durchsetzbarkeit oder Verhinderung von Reformen in Systemtheorien – Strukturen und Prozesse stehen im Mittelpunkt – und in Akteurstheorien – Präferenzen und Kognitionen der Akteure werden betont – unterteilen (vgl. Wagschal 2009: 23). Zu letzteren gehört beispielsweise die bekannte Vetospielertheorie von Tsebelis, nach der die Häufigkeit von Reformen mit der zunehmenden Anzahl von zustimmungspflichtigen Akteuren abnimmt (vgl. Wagschal 2009: 19ff.). Die systemtheoretischen Ansätze erklären dagegen die Reformfähigkeit in Abhängigkeit von der Struktur des politischen Institutionensystems sowie anhand von Machtverhältnissen wie z.B. die bekannte These der „Politikverflechtungsfalle“ nach Scharpf (vgl. Trampusch 2006: 57). Zwar können die System- und Akteurstheorien erklären, wie und wann Reformen zustande kommen oder weshalb Reformanstrengungen in eine bestimmte politische Richtung verlaufen, doch sie können keinerlei Auskunft über Qualität und Tauglichkeit der Reformbemühungen an sich geben. Hier knüpft die Arbeit an, die untersuchen will, worauf zu achten ist und was zu tun ist, um eine Institution zielgerichtet und erfolgreich durch Reformen anzupassen bzw. zu verändern. Natürlicherweise stoßen – selbst gut durchdachte – Reformprojekte immer an Grenzen: wegen der begrenzten Rationalität der handelnden Akteure in einer überkomplexen Umwelt; wegen begrenzter Steuerungskapazitäten von Prozessen der demokratischen Willensbildung und Entscheidungsfindung; wegen dem Restrisiko unbeabsichtigter Nebeneffekte und unvorhersehbarer Wirkungszusammenhänge (vgl. Beyer/Stykow 2004: 10ff.).

> „Die Aussichten für die Formulierung und Implementation poltischer Reformprogramme sind durch diese Einwände grundsätzlich in Frage gestellt. Weder überschauen die Akteure das gesamte Set an denkbaren Handlungsalternativen noch ist zu erwarten, dass sie in der Lage sind, die langfristig und ‚objektiv beste' aller Lösungen zu identifizieren, gesetzt, eine solche existiert überhaupt" (Beyer/Stykow 2004: 13).

Der Evolutorische Institutionalismus stellt ein universelles Werkzeug dar, um Reformprozesse systematisch zu analysieren sowie anzuleiten; er berücksichtigt die Statik und Dynamik von Institutionen sowie inner- und außer-institutionelle Bestimmungsfaktoren. Durch die Verbindung von Theorie und Empirie sollen bisherige Einsichten zur Reformpolitik der GRV bestätigt, andere reformuliert und neue Aspekte entdeckt werden. Die Arbeit sucht nach Indikatoren und Konstellationen, die Reformerfolge wahrscheinlicher machen. Der Evolutorische Institutionalismus bleibt dahingehend optimistisch, dass Reformvorhaben planvoll konstruiert werden können sowie zielgerichtet wirken können. Deshalb ist auf die Frage, ob

> „(…) grundlegende, umfassende politische Projekte aufgrund der begrenzten Rationalität von Reformen und der Komplexität von Sachverhalten und politischen Konstellationen systematisch zum Scheitern verurteilt"

wären, mit einem deutlichen Nein zu antworten (Beyer/Stykow 2004: 34).

1.3 Forschungsstand und Schrifttum

Für die Bearbeitung des Themas und zur Beantwortung der Forschungsfrage werden verschiedene Primärquellen verwendet. Einerseits rekurriert die Arbeit auf den aktuellen Rentenversicherungsbericht der Bundesregierung von 2010, der die Entwicklung von Ein- und Ausgaben darstellt, sich zum Stand der Reformen äußert, über die Performanz der GRV insgesamt Auskunft gibt und eine 15-jährige Vorausberechnung beinhaltet. Darüber hinaus werden Veröffentlichungen der Deutschen Rentenversicherung Bund berücksichtigt: eine Edition aktueller GRV-Statistiken von 2011; eine kommentierte Ausgabe des VI. Sozialgesetzbuches (SGB) zum materiellen Rentenrecht vom Stand 2010; sowie ein umfangreiches Rentenlexikon von 2010. Die Erarbeitung und Darlegung der Theorie des Evolutorischen Institutionalismus basiert auf dem von Patzelt herausgegebenen Sammelband „Evolutorischer Institutionalismus" aus dem Jahr 2007. Dabei wird auf folgende Beiträge zurückgegriffen: auf die von Patzelt verfassten Beiträge über „Evolutionsforschung in der Politikwissenschaft" und über „Institutionalität und Geschichtlichkeit in evolutionstheoretischer Perspektive"; auf die Beiträge von Demuth über „Die Ordnung des Institutionellen" und über „Institutionen und ihre Stabilität"; sowie auf die von Lempp verfassten über „Evolutionäre Institutionentheorie" und über „Ein evolutionstheoretisches Modell zur Analyse institutioneller Reformen". Für die Übersicht der anderen politikwissenschaftlich-theoretischen Literatur zu Reform- und Stabilisierungspolitik und zur Einführung in das Politikfeld der Sozialpolitik wird folgende Literatur verwendet: die viel rezipierte Monografie von Schmidt über Sozialpolitik in Deutschland (2005); die Monografie von Pilz über den deutschen Sozialstaat (2004); der Aufsatz von Leibfried et al. über Theorien, Konzeptionen und Wirkungen von Sozialpolitik (2008); der Sammelbandbeitrag von Wagschal (2009) über Reformstau und -blockaden in der Bundesrepublik; sowie der Beitrag von Stuchlik (2010a) zu den unterschiedlichen politikwissenschaftlichen Erklärungsansätzen für Reformen.

Über die gesetzliche Rentenversicherung wird akademisch breit diskutiert und vielfach geschrieben. Vor allem die Rechtswissenschaften – in Form von Aufsätzen, Gutachten oder Kommentaren zu Gerichtsurteilen und zur Rentengesetzgebung etc. – und die Wirtschaftswissenschaften – in Form von Statistiken, Vorhersagen oder versicherungsmathematischen Studien etc. – setzen sich mit dem Zustand der GRV und ihrer Zukunftsfähigkeit auseinander. Überschaubarer nimmt sich dagegen das Interesse im Bereich der Politikwissenschaft aus. Geschrieben wird über Missstände, mögliche Reformmaßnahmen und Strategien zum Erhalt oder Umbau der Rentenversicherung. In der Literatur lassen sich systembewahrende Reformvorschläge finden[4], andererseits werden Alternativen zum bestehenden System diskutiert[5]. Die Diskussionen über Zustand und Reformbedürftigkeit des Rentenversicherungssystems verlaufen in den Bahnen einer grundsätzlicheren Debatte, die nämlich über die Bestands- und Zukunftsfähigkeit des deutschen Sozialstaats in toto geführt wird. In dieser Hinsicht gelten substantielle Reformen der Rentenversicherung als unerlässlicher Bestandteil für die Modernisierung und Stabilisierung des Sozialversicherungssystems. Hierbei greift die Arbeit auf einige wichtige Sammelbände zurück, in denen sich Ökonomen, Juristen, Sozialwissenschaftler und Politiker mit derlei Reformen des deutschen Sozialstaats befassen: Stykow/Beyer (2004)[6]; Zimmermann (2006)[7]; Blanke (2007)[8]; Wagschal (2009)[9]; überdies sei der Bestseller von Sinn (2005) erwähnt.

Wo befinden sich schließlich konkrete literaturmäßige Anknüpfungspunkte und welche wissenschaftlichen Arbeiten liegen bereits vor? Generell befassen sich mit der Analyse von Rentenreformen sowie mit der institutionellen Stabilität und dem Wandel der GRV nur wenige politikwissenschaftliche Arbeiten. Der Reformprozess selbst und warum Reformen oft misslingen oder nur teilweise Erfolg haben waren bisher kaum Gegenstände wissenschaftlicher Forschung. Hinrichs blickt in seinen Sammelbandbeitrag (2004) auf die Entwicklung der Rentenversicherung seit der Reform von 1957 zurück, analysiert die zwischen 1989 und 2001 verabschiedeten Rentenreformen und erkennt darin eine „pfadtreue Entwicklung". Der Institutionenwandel erfahre erst mit der Riester-Reform von 2001 einen echten Pfadwechsel, den Hinrichs an der Änderung des Siche-

4 Beispielsweise: Bomsdorf, Eckart, 2001: Nach der Rentenreform ist vor der Rentenreform – auch die jüngsten Maßnahmen lösen die Probleme der GRV nicht dauerhaft, in: Zeitschrift für Wirtschaftspolitik, Jahrgang 50, Heft 2, S. 142-158.

5 Beispielsweise: Roman, Lutz, 2009: Geht die Arbeitslosenversicherung in Rente? Denkanstoß für ein System privater Arbeitslosen- und Rentenversicherung, Bielefeld.

6 Stykow, Petra/Beyer, Jürgen (Hrsg.), 2004: Gesellschaft mit beschränkter Hoffnung. Reformfähigkeit und die Möglichkeit rationaler Politik. Festschrift für Helmut Wiesenthal, Wiesbaden.

7 Zimmermann, Klaus F. (Hrsg.), 2006: Deutschland – was nun? Reformen für Wirtschaft und Gesellschaft, München.

8 Blanke, Hermann-Josef (Hrsg.), 2007: Die Reform des Sozialstaats zwischen Freiheitlichkeit und Solidarität, Tübingen.

9 Wagschal, Uwe (Hrsg.), 2009: Deutschland zwischen Reformstau und Veränderung. Ein Vergleich der Politik- und Handlungsfelder, Baden-Baden.

rungszieles, an dem neuen Ziel der Beitragsstabilität und an der Einführung der kapitalgedeckten Altersvorsorge festmacht. Die bestehende Legitimationskrise der GRV werde sich durch diesen „Paradigmenwechsel" weiter verschärfen. Trampusch hält die Riester-Reform ebenso für eine Pfadabweichung und untersucht in ihrem Aufsatz (2006), wie der Pfadwechsel möglich wurde. Mithilfe der Theorie des akteurszentrierten Institutionalismus identifiziert sie einen Wandel in den Normen, Wertvorstellungen und Überzeugungen der beteiligten Policy-Akteure, der die Reform schließlich ermöglichte. Im Sinne des Evolutorischen Institutionalismus lassen sich die von Trampusch erkannten Präferenzwechsel treffend als Memdrift charakterisieren – als einen Wandel von kulturellen Mustern. Über die Eignung der Riester-Reform, die GRV zu erhalten und zu stabilisieren, äußert sie sich indes nicht. Rürup bezeichnet in einem Beitrag von 2006 die Reformen der vergangenen Jahre als „systeminterne Reparaturen" und als pfadtreu. Er hält die Leistungsrücknahmen für unvermeidlich und lehnt einen Systemwechsel ausdrücklich ab. Die permanente Anpassung des Rentensystems sei durch den stetigen ökonomischen und gesellschaftlichen Wandel notwendig; dementsprechend bewertet Rürup die jüngsten Reformen positiv und glaubt fest an die längerfristige Stabilisierung des Rentensystems. Generell könne dem demografisch und ökonomisch bedingten Umweltwandel ohne einen radikalen Systemwechsel begegnet werden durch den Übergang zu einem Drei-Säulen-Modell der Alterssicherung – gesetzlich, betrieblich, privat. Demgegenüber geißelt Schmähl in seinem Aufsatz von 2011 die reformerischen Umbaumaßnahmen des vergangenen Jahrzehnts als Irrweg. Er sieht die Reformen im eklatanten Widerspruch zu den Zielen der Rentenreform von 1957. Die von der rot-grünen Bundesregierung begründete „neue deutsche Alterssicherungspolitik" wirke keineswegs stabilisierend, sondern in erster Linie institutionen-zerstörend. Die Reformen zwischen 2001 und 2007 führen das Umlageverfahren, das Dynamisierungsprinzip und das Leistungsziel der GRV vollkommen ad absurdum. Nach Schmähls Einschätzung wird dies in naher Zukunft zum Zusammenbruch des bestehenden Alterssicherungssystems führen und zur Entstehung eines Rentensystems beitragen, das an das Wilhelminische Kaiserreich erinnere. In seiner 2011 veröffentlichten Dissertation vollzieht Bourcarde die Entwicklung der GRV nach und fragt dabei nach den Hauptursachen für die fortwährenden Finanzierungsengpässe: Für die institutionellen

Passungsmängel in den letzten Jahrzehnten macht er primär das Handeln der politischen Entscheidungsträger verantwortlich – zugespitzt als „Kompromissbildung und Wachstumsabkopplung" – und weist dem demografischen Wandel damit eine weniger prominente Rolle zu. Er behauptet also zum einen, dass die vielen Reformen durch zu optimistische Vorausberechnungen verursacht wurden, weil unrealistische Prognosen die politische Kompromissbildung erleichtern würden. Zum anderen macht Bourcarde die wachsende Entkopplung der Renten von der wirtschaftlichen Entwicklung für die Finanzierungslücken verantwortlich. Nach diesem Abriss zum Forschungsstand lässt sich konstatieren, dass bisher nur wenige politikwissenschaftliche Publikationen zum Thema vorliegen, weshalb es der Arbeit unbedingt bedarf. Des Weiteren stellt die Betrachtung der gesetzlichen Rentenversicherung und ihrer jüngsten Reformen aus der Perspektive des Evolutorischen Institutionalismus noch gänzlich ein Forschungsdesiderat dar. Die Arbeit versucht hier einen Anfang zu machen.

1.4 Gliederung und Vorgehensweise

Die Arbeit verzichtet auf ein eigenes Kapitel zum Evolutorischen Institutionalismus und führt stattdessen jeweils am Kapitelanfang konzis in die relevanten Theorieteile ein. Die Arbeit rückt nicht die Theorie an sich in den Vordergrund, sondern deren Anwendung. Wer über keinerlei Vorkenntnisse verfügt, sollte die Theorie unbedingt in Auszügen in dem von Patzelt herausgegebenen Sammelband[10] nachlesen, wo sie verständlich und erschöpfend dargelegt wird. Bevor die Analyse und Evaluation der „Riester-Rente" (2001), des „Nachhaltigkeitsfaktors" (2004) und der „Rente mit 67" (2007) erfolgen kann, ist es für die Beantwortung der Forschungsfrage entscheidend, sich mit Struktur, Funktionslogik und Funktionen der Institution der gesetzlichen Rentenversicherung vertraut zu machen: Wie ist die GRV aufgebaut und weshalb dergestalt? Worin besteht der Kern der Institution? Welche Leistungen erbringt sie? Demgemäß befasst sich das 2. Kapitel zunächst ausführlich mit der institutionel-

10 Patzelt, Werner J. (Hrsg.), 2007: Evolutorischer Institutionalismus. Theorie und exemplarische Studien zu Evolution, Institutionalität und Geschichtlichkeit, Würzburg.

len Architektur im Sinne des Evolutorischen Institutionalismus: Leitideen, Ordnungsvorstellungen, zentrale Memplexe, institutionelle Mechanismen, Bebürdungsstrukturen etc. Des Weiteren wird die Umwelt der Institution in den Blick genommen, um die Faktoren für den Institutionenwandel herauszuarbeiten: Worin liegen die Gründe für die anhaltenden Finanzierungsprobleme der GRV? Zum einen werden die drei Hauptursachen – Wandel der Bevölkerungsstruktur, Veränderungen des Arbeitsmarktes, Expansion des Sozialstaats – im 3. Kapitel beleuchtet, zum anderen deren Folgen für die institutionelle Fitness der Rentenversicherung. Das 4. Kapitel untersucht die drei Reformen zwischen 2001 und 2007 – das Altersvermögensgesetz, das RV-Nachhaltigkeitsgesetz und das RV-Altersgrenzenanpassungsgesetz – hinsichtlich ihrer Inhalte, Ziele und politischen Kontexte. Danach werden im 5. Kapitel die Wirkungen der drei Reformen anhand eines auf dem Evolutorischen Institutionalismus basierenden fünf-teiligen Kriterienkatalogs evaluiert: Inwieweit verbessern die Reformen die institutionelle Fitness der GRV? Werden die Reformen einem system-bewahrenden Wandel gerecht? Letztlich wird anhand aktueller empirischer Daten die Angepasstheit und Anpassungsfähigkeit der gesetzlichen Rentenversicherung nach den Reformen zwischen 2001 und 2007 bewertet. Im 6. Kapitel werden schließlich die Ergebnisse der institutionellen Analyse und der Untersuchung des institutionellen Wandels der GRV festgehalten, wichtige Erkenntnisse für zukünftige Rentenreformen sowie allgemeine Einsichten zu Reform- und Stabilisierungspolitik formuliert. Außerdem wird zur Geeignetheit und Leistungsfähigkeit der Theorie des Evolutorischen Institutionalismus Stellung genommen.

2 Die institutionelle Architektur der gesetzlichen Rentenversicherung

Grundlegend sind Institutionen als verfestigte Aggregatzustände sozialer Wirklichkeit zu begreifen, die von großer Dauer sein können, sich wieder entfestigen und sich wandeln können (vgl. Patzelt 2007b: 288). Im Einzelnen konstituiert sich jede Institution aus einer Leitidee. Sie stellt das grundlegende Ordnungs- und Orientierungsmuster dar, nach der sich die Institution ausrichtet und sozial verwirklicht. Von der Leitidee hängen alle weiteren Elemente der Institution ab, die für deren Architektur, Funktionslogik und Funktionserfüllung entscheidend sind z.B. Geltungsansprüche, Regeln, Handlungsweisen, Mechanismen. Institutionen verleihen ihren Leitideen, Ordnungsprinzipien und Geltungsansprüchen symbolisch Ausdruck, was sie in den emotionalen Tiefenstrukturen von Akteuren und Adressaten verankert, wodurch sie große Stabilität erlangen. Die für die Institutionalisierung notwendigen kulturellen Muster werden gemäß dem Evolutorischen Institutionalismus als „Meme" bezeichnet. Sämtliche institutionellen Strukturen entstehen durch Meme; Leitideen selbst sind sehr tiefliegende Meme. Durch die Weitergabe der Meme – sog. „memetische Replikation" – werden die Institutionen selbst reproduziert. Die Summe all jener Meme, die für die soziale Konstruktion und das Funktionieren der Institution verantwortlich sind, bildet deren institutionelle Form (vgl. Demuth 2007b: 452). Die praktizierte institutionelle Form ist dagegen die institutionelle Entfaltung dessen, wofür eine Institution steht bzw. was sie anhand ihrer Leitideen und Geltungsansprüche konkret ist (vgl. Patzelt 2007b: 383). Die institutionelle Architektur kann sich als ein geordnetes, hierarchisches und vielfach verflochtenes Arrangement von Memen vorgestellt werden, das der Institution Halt und Stabilität verleiht sowie institutionelle Mechanismen zur Erfüllung von Funktionen ermöglicht.

2.1 Leitidee und zentrale Ordnungsvorstellungen

Jeder Institution liegt eine Leitidee als zentrale Ordnungsvorstellung zugrunde. Sie stellt den Ausgangspunkt für jegliche Institutionenbildung dar; aus ihr leiten sich die institutionellen Strukturen und Funktionen ab. Die Leitidee ist als das zentrale Mem einer Institution zu betrachten, denn die gesamte institutionelle Architektur lässt sich auf sie zurückführen (vgl. Patzelt 2007b: 291; Demuth 2007a: 420).

Die Gründung der gesetzlichen Rentenversicherung markiert das „Gesetz betreffend die Invaliditäts- und Altersversicherung" von 1889[11]. Bereits 1883 verabschiedete der Reichstag das Gesetz zur Krankenversicherung und 1884 das zur Unfallversicherung. Der Hauptinitiator der Sozialgesetzgebung im Deutschen Kaiserreich war Reichskanzler Bismarck. Die staatliche Rentenversicherung hatte den Zweck, die Arbeiter und Angestellten vor den Risiken des Lebens – Alter, Tod und Invalidität – zu schützen. Die Industrialisierung, Verstädterung und die Auflösung familiärer Strukturen führte zur massenhaften Verelendung und Verarmung der arbeitenden Schichten. Der ökonomische Modernisierungsprozess zerstörte die alten sozialen Sicherungsnetze; die bisherigen Institutionen der Fürsorge wie Kirchen, Betriebe oder Familien waren zunehmend überfordert und erbrachten nur noch geringe Leistungen, weshalb der Staat die Funktion der sozialen Sicherung im Wesentlichen übernahm (vgl. Schmähl 2007a: 293; Schmidt 2005: 163). Bei der Lösung der sog. „Sozialen Frage" trieben Reichskanzler Bismarck ebenso machtpolitische Überlegungen an, denn die Institutionalisierung einer Rentenversicherung stellte ein wichtiges Instrument dar, um Legitimität für das Hohenzollern-Kaiserreich in den Reihen der Arbeiterschaft und bei den niedrigen Angestellten zu stiften. Aus Angst vor einer Revolution sicherte man die Arbeiter materiell ab und trug damit zur innenpolitischen Stabilisierung des Reiches bei (vgl. Pilz 2004: 24f.). Neben der Kranken- und Unfallversicherung versorgte die Rentenversicherung als dritte Säule der deutschen Sozialversicherung die Arbeiter und einen Großteil der Angestellten und schützte sie vor drohender Armut im Alter. In der Weimarer Re-

11 Die Zusammenfassung von Alters- und Invaliditätsversicherung ist historisch begründet: Der Gesetzgeber fasste das Alter als eine Form der Invalidität auf, somit galt man mit dem Erreichen des 70. Lebensjahres automatisch als Invalide (vgl. Igl 2007: 43).

publik, im Nationalsozialismus und bis in die Anfangsjahre der Bundesrepublik hinein blieb der Schutz vor Altersarmut das zentrale Sinndeutungsmuster der Rentenversicherung.

Erst die große Rentenreform von 1957 unter Bundeskanzler Adenauer stellte

> „(...) einen tiefgreifenden Paradigmenwechsel in der deutschen Alterssicherungspolitik dar“ (Schmähl 2007a: 299).

Ursprünglich galten die Renten als finanzieller Zuschuss zum Lebensunterhalt im Alter. Mit der Rentenreform von 1957 bekamen die Renten einen „Lohnersatz-Charakter“ zugesprochen, d.h. der während des Arbeitslebens genossene Lebensstandard sollte auch im Alter möglich bleiben (vgl. Schmähl 2007b: 9). Dieser Leitideenwandel – vom Armutsschutz zur Lebensstandardsicherung – veränderte zwangsläufig das bisherige Rentensystem, allerdings ohne die gesamte institutionelle Architektur in Frage zu stellen. Die durch die veränderte Leitidee geprägte institutionelle Form der GRV von 1957 gilt im Wesentlichen bis heute. Der damalige Leitideenwandel hatte folgende Gründe: die kapitalgedeckte Rentenversicherung war nach dem Zweiten Weltkrieg schlichtweg bankrott; deren vorrübergehende Revitalisierung (1949 bis 1956) ermöglichte nur niedrige Renten und kaum Rentensteigerungen trotz wachsenden Wohlstandes aufgrund steigender Löhne und Gehälter; die Ansprüche der Bevölkerung an die Höhe der staatlichen gewährten Alterssicherung nahmen zu. Keinesfalls lässt sich bei der Reform von 1957 von einem Leitideenwechsel sprechen, vielmehr handelt es sich um eine Weiterentwicklung der bisherigen Leitidee. Beide Rentensysteme haben die ökonomische Absicherung im Alter zum Ziel. Jedoch wollte das bismarcksche System von 1889 – in leicht veränderter Form bis 1956 gültig – nur insoweit absichern, dass eine existenzbedrohende Armut im Alter verhindert würde, während das adenauersche System beabsichtigte, den im Arbeitsleben erworbenen Lebensstandard zu bewahren.

Von der Leitidee der Lebensstandardsicherung leiten sich drei grundlegende Ordnungsvorstellungen (Meme) ab, die die institutionelle Architektur der GRV fundamental prägen: (1) Das Prinzip der Solidarität: Die Arbeitenden – Leistungsfähige – sollen für die Nicht-Arbeitenden – Leistungsgeminderte bzw. -unfähige – sorgen. Es soll einen Ausgleich zwischen Starken und Schwachen anleiten, um die Gesellschaft zusammenzuhalten. (2) Das Prinzip der Teilhabeäquivalenz: Die Arbeitsleistung soll der späteren Rentenleistung entsprechen. Es soll Beitragsgerechtigkeit herrschen, indem die Beitrags-Vorleistungen proportional zu den späteren Renten-Gegenleistungen sind. (3) Das Prinzip der Generationengerechtigkeit: Die Renten sollen an die aktuelle Lohnentwicklung gekoppelt sein, damit die älteren Generationen am wachsenden Wohlstand teilhaben können. Schließlich legten die jetzigen Rentner mit ihrer Lebensarbeitsleistung das Fundament für das Prosperieren der Volkswirtschaft. Keine der drei Ordnungsvorstellungen kommt in ihrer Reinform zur Geltung; sie verwirklichen sich gemeinsam und schwächen sich untereinander ab. Beispielsweise begrenzt das Solidaritätsprinzip – die Starken sollen für die Schwachen einstehen – das Äquivalenzprinzip, indem die auf Beitragsleistungen beruhenden Renten zu Gunsten einkommensschwacher und hilfsbedürftiger Menschen korrigiert werden z.B. stellen Witwen- und Waisenrenten derlei Umverteilungsmaßnahmen dar (vgl. Pilz 2004: 90).

2.2 Grundbauplan und zentrale Memplexe

Die Institution der gesetzlichen Rentenversicherung setzt sich aus einer Vielzahl von Normen, Regeln, Grundsätzen und Handlungsanweisungen zusammen. Diese Elemente werden analytisch als Meme bezeichnet. Meme sind kulturelle Muster, die nachgeahmt oder durch Regeln befolgt werden können. Memplexe sind Kombinationen von mehreren, gut zusammenpassenden Memen. Institutionen werden anhand von in Memplexen festgehaltenen Bauplänen gebildet, reproduziert und weitergegeben (vgl. Patzelt 2007b: 293). Meme liegen nicht lose nebeneinander, sondern sind hierarchisch angeordnet und wirken zur Bildung eines Strukturgefüges zusammen (vgl. Demuth 2007a: 420). Die konstitutiven Meme bzw. Memplexe der GRV werden in Form von Gesetzen gespeichert und sind seit 1992 im VI. Sozialgesetzbuch detailiert zusammengefasst. Daher weisen die Meme der GRV eine große Starrheit auf und lassen sich stabil replizieren. Im Folgenden werden die fünf zentralen Pfeiler der institutionellen Architektur der gesetzlichen Rentenversicherung vorgestellt:

(1) Finanzierung und Umlageverfahren

Bei der Einführung der Rentenversicherung 1889 beschloss der Reichstag, die Kosten zu gleichen Teilen zwischen Staat, Arbeitnehmern und Arbeitgebern aufzuteilen. Damit vereinte das geschaffene Rentensystem das Versicherungsprinzip, nach dem die Beitragsleistung die Rentenleistung determiniert, und das Solidaritätsprinzip in sich. In diesem Sinne setzten sich die damaligen Renten aus einem einkommensunabhängigen staatlich-gewährten Grundbetrag und aus einem individuellen an Versicherungsjahren und Nominaleinkommen orientierten Steigerungsbetrag zusammen (vgl. Döring 2000: 170f.). Der Grundbetrag machte rund ein Drittel der Höhe der Renten aus und entsprach dem Umlageprinzip[12]. Der Steigerungsbetrag trug zu rund zwei Dritteln der Rente bei und entsprach dem Kapitaldeckungsprinzip[13]. An dieser Grundstruktur der Rentenfinanzierung wurde in der Bundesrepublik bis 1956 und in der DDR sogar bis 1990 festgehalten (vgl. Schmähl 2007a: 293). Mit der Rentenreform von 1957 stellte der Gesetzgeber die Weichen für ein reines Umlageverfahren, d.h. neben den Steuergeldern sollten auch die gezahlten Beiträge unmittelbar als Renten wieder ausbezahlt und nicht mehr angespart werden. Für den Übergang existierte zwischen 1957 und 1969 ein Abschnittsdeckungsverfahren, das einen konstanten RV-Beitrag für zehn Jahre festsetzte und eine Ein-Jahres-Reserve aufbaute. Erst ab 1969 wurde das reine Umlageverfahren mit einem jährlich festzusetzenden RV-Beitrag und einer dreimonatigen Reserve eingeführt. Im Zeitverlauf sanken jedoch die finanziellen Rücklagen kontinuierlich ab, bis sie zwischenzeitlich nur noch 20 Prozent einer Monatsausgabe betrugen (vgl. Schmähl 2007c: 19). Darüber hinaus blieb der stark fixierte und bebürdete Memplex der Finanzierungsstruktur erhalten: Ein Drittel der Finanzmittel bringt der Staat auf und zwei Drittel liefern die Arbeitnehmer und -geber. Über den steuerfinanzierten Bundeszuschuss leistet der Staat seinen Beitrag zur Rentenversicherung – dieser war somit von Anbeginn als

12 Das Umlageprinzip bedeutet, dass die bei den Rentenversicherungsträgern eingehenden Beiträge und Steuermittel direkt als Renten wieder ausbezahlt werden (vgl. Deutsche Rentenversicherung Bund 2010a: 105).

13 Dabei werden die eingehenden Beitragszahlungen zum Aufbau eines Kapitalstocks angespart, dessen Erträge im Alter zur Finanzierung der Renten dienen (vgl. Deutsche Rentenversicherung Bund 2010a: 59).

reguläre Finanzierungsquelle vorgesehen. Die Arbeitnehmer und -geber tragen jeweils zur Hälfte den auf Lohn und Gehalt zu zahlenden Rentenversicherungsbeitrag (vgl. Igl 2007: 52). In diesem Memplex zur Finanzierungsweise spiegeln sich zwei zentrale Ordnungsvorstellungen der GRV wider: Einesteils sollen sich die Renten signifikant nach den gezahlten Beiträgen bemessen, was der Teilhabeäquivalenz entspricht. Andernteils sollen die Renten teilweise unabhängig von den Beitragsleistungen sein – finanziert durch den staatlichen Zuschuss –, was dem Solidaritätsprinzip entspricht. Weiterhin spiegelt sich in der Finanzierung das Muster des Tripartismus wider, was das gesamte System der deutschen Sozialversicherung prägt (vgl. Schmidt 2005: 151).

Die mit der Reform von 1957 beschlossene Abkehr vom kapitalgedeckten Rentensystem und der vollkommenen Hinwendung zum Umlageverfahren war folgerichtig, denn der zur Rentenfinanzierung notwendige Kapitalstock wurde mehrmals Opfer der deutschen Geschichte: 1918 bankrott durch Kriegsniederlage; 1923 ruiniert durch Hyperinflation und anschließender Währungsreform; 1929 destabilisiert durch Weltwirtschaftskrise; 1945 zerstört durch den Zweiten Weltkrieg. Um ein funktionierendes und leistungsfähiges Rentensystem zu errichten, musste es zwangsläufig umlagefinanziert sein, da Kapital im ausreichenden Maße durch Krieg, Geldentwertung und schlechter Wirtschaftslage fehlte. Außerdem sollten größere Kapitalakkumulationen vermieden werden, da die Nationalsozialisten das beträchtliche Kapitalvermögen der Rentenversicherung billigerweise genutzt hatten, um ihre Kriegs- und Rüstungspläne zu finanzieren (vgl. Döring 2000: 177,182; Klenk 2008: 74f.).

(2) Dynamisierung

Zwischen 1889 und 1956 unterblieb in der deutschen Rentenversicherung die regelmäßige Anpassung der Rentenhöhe an Inflation und Lohnentwicklung, d.h. der sich bei Renteneintritt ergebende Zahlbetrag blieb während der gesamten Rentenlaufzeit unverändert; damals war die Ordnungsvorstellung der Generationengerechtigkeit noch nicht verankert (vgl. Schmähl 2007b: 9; 2007c: 18f.). Damit verloren die Renten wegen steigender Preise und Löhne sukzessive an Kaufkraft und die Rentner konnten an gesellschaftlichen Wohlstandsgewinnen nicht partizipieren. Erst die Reform von 1957 ließ die Rentner teilhaben an der gesamtwirtschaftlichen Entwicklung und schützte sie vor schleichender Geldentwertung, indem die Renten an die Entwicklung der Bruttolöhne gekoppelt wurden. Realisiert wurde das neue Element der Dynamisierung durch die Rentenanpassungsformel, die fortan den aktuellen Rentenwert anhand der Einkommensentwicklung der Erwerbstätigen bestimmte. In der jungen Bundesrepublik setzte sich ein neues Mem vom Leben im Alter durch: weg vom bloßen Überleben, hin zu einem Ruhestand in Sicherheit und Wohlstand (vgl. Igl 2007: 45). Für die Rentnergenerationen erwies sich die neu-geschaffene Anpassung der Bestandsrenten als große sozialpolitische Errungenschaft (vgl. Klenk 2008: 96). Jedoch geschieht die jährliche Anpassung der Renten – vorzunehmen jeweils zum 1. Juli eines jeden Jahres (§ 65 SGB VI) – an die Einkommensentwicklung nicht automatisch, sondern unterliegt dem politischen Vorbehalt der Bundesregierung bzw. der Regierungsmehrheit: Die Rentenanpassung kann nur per Gesetz beschlossen werden (vgl. Schmähl 2007a: 297). Zum einen festigt der Gesetzgeber damit seinen Einfluss auf die Entwicklung der Rentenfinanzen, zum anderen können sich die Regierungsparteien als Quelle sozialer Wohltaten inszenieren. Gesetzesinitiativen, um die jährliche Anpassung der Renten zu automatisieren und den politischen Vorbehalt abzuschaffen, schlugen fehl. Aufgrund ihrer Größe und Bedeutung lässt sich die GRV nicht dem politischen Alltag entziehen (vgl. Bourcarde 2011: 220).

(3) Rentenberechnung

Nach dem Anspruch der Rentenreform von 1957 sollten die Versicherten und angehenden Rentner in der Lage sein, ihre zu erwartenden Rentenleistungen selbst einschätzen zu können. Demzufolge gestaltete der Gesetzgeber eine möglichst einfache und transparente Rentenformel. Außerdem wurden durch die Neuregelungsgesetze der Arbeiterrenten- und Angestelltenrentenversicherung die Leistungen zwischen beiden Versicherungen angeglichen, wodurch die jahrzehntlange Schlechterstellung der Arbeiter gegenüber den Angestellten im materiellen Rentenrecht überwunden wurde (vgl. Klenk 2008: 96).[14] Die neue Rentenformel äs-

14 Die gesellschaftliche Konfliktlinie zwischen Arbeitern und Angestellten verursachte einst die unterschiedliche Trägerstruktur in der GRV. Vor allem im Kaiserreich und der Weimarer Republik besaßen die „national-zuverlässigen" Angestellten ein ausgesproche-

thetisierte die drei konstitutiven Ordnungsvorstellungen der GRV: erstens spiegelt sich die Generationengerechtigkeit im aktuellen Rentenwert wider, weil er die Rentner am Wohlstand der Erwerbsgenerationen beteiligt; zweitens spiegelt sich die Teilhabeäquivalenz in der Summe der Entgeltpunkte und des Zugangsfaktors wider, da sie die Beitragshöhe und die Versicherungsdauer bewerten; und drittens kommt das Solidaritätsprinzip im Rentenartfaktor zum Ausdruck (vgl. Lampert/Bossert 2007: 347). Die 1957 geschaffene Rentenformel gilt bis heute gemäß § 64 SGB VI:

$$\textit{Monatsrente} = \textit{Entgeltpunkte} \cdot \textit{Zugangsfaktor} \cdot \textit{Rentenartfaktor} \cdot \textit{aktueller Rentenwert}$$

Die Entgeltpunkte ergeben sich aus der Höhe der geleisteten Beiträge in einem Kalenderjahr und aus der Anzahl der Beitragsjahre. Wer in einem Kalenderjahr ein Bruttoarbeitsentgelt erzielt, das dem durchschnittlichen Arbeitsentgelt aller Versicherten entspricht, erhält für dieses Jahr einen Entgeltpunkt. Wer weniger verdient als der Durchschnitt, bekommt entsprechend weniger als einen Entgeltpunkt; bei überdurchschnittlichem Verdienst mehr als einen Entgeltpunkt. Am Ende des Arbeitslebens werden die Entgeltpunkte aller Beitragsjahre addiert.

Der Zugangsfaktor berücksichtigt den Zeitpunkt des Renteneintritts (§ 77 SGB VI). Wer mit dem gesetzlichen Renteneintrittsalter in Pension geht, erhält den Zugangsfaktor 1,0, d.h. die Versicherten beziehen eine Rente ohne Ab- oder Zuschläge. Wer eher in Rente geht, muss einen versicherungsmathematischen Abschlag von 0,003 pro Monat in Kauf nehmen. Bei späterem Renteneintritt erhöht sich der Zugangsfaktor um 0,005 pro Monat. Durch Multiplikation der erzielten Entgeltpunkte mit dem Zugangsfaktors ergeben sich die persönlichen Entgeltpunkte des Versicherten (§ 66 SGB VI).

Der Rentenartfaktor legt den Wert der verschiedenen Rentenformen fest. Altersrenten und Renten wegen voller Erwerbsminderung bekommen den Faktor 1,0 entsprechend ihrer Lohnersatzfunktion zugewiesen. Witwenrenten haben den Faktor 0,55 und Halbwaisenrenten den Faktor 0,1, was ihrer Unterhaltsersatzfunktion entspricht.

---

nes soziales Distinktionsbedürfnis gegenüber der „marxistischen Arbeiterschaft". In der frühen Bundesrepublik ebnete sich das Klassenbewusstsein von Arbeitern und Angestellten langsam ein. Nominal existierte die berufsständische Gliederung der Rentenversicherung bis 2004 (vgl. Döring 2000: 173; Klenk 2008: 68ff.).

Der aktuelle Rentenwert entspricht dem monatlichen Rentenzahlbetrag, den ein Versicherter erhalten würde, wenn er ein im Verhältnis zu allen Versicherten durchschnittliches Bruttoarbeitsentgelt bezieht. Er setzt die Dynamisierung um, also die Anbindung der Renten an die Lohnentwicklung. Der aktuelle Rentenwert berechnet sich nach der Rentenanpassungsformel, die sich aus der Veränderung der Bruttoentgelte des vergangenen zum vorvergangenen Kalenderjahrs, der Höhe des RV-Beitragssatzes, dem privaten Riester-Altersvorsorgeanteil und aus dem Verhältnis zwischen Versicherten und Rentnern zusammensetzt – seit 2004. Ursprünglich berechnete sich der aktuelle Rentenwert nur aus der Entwicklung von Löhnen und Gehältern. Doch mit zunehmender Schieflage zwischen Beitragseinnahmen und Rentenausgaben wurden insbesondere Reformen an der Rentenanpassungsformel durchgeführt, um das aus dem Gleichgewicht geratene Verhältnis wieder anzunähern (vgl. Bomsdorf 2001: 146). Gemäß § 68 SGB VI berechnet sich der aktuelle Rentenwert wie folgt:

$$AR_t = AR_{t-1} \cdot \frac{BE_{t-1}}{BE_{t-2}} \cdot \frac{100 - AVA_{2012} - RVB_{t-1}}{100 - AVA_{2012} - RVB_{t-2}} \cdot \left(\left(1 - \frac{RQ_{t-1}}{RQ_{t-2}} \right) \cdot \alpha + 1 \right)$$

AR_t = zu bestimmender aktueller Rentenwert ab dem 1. Juli

AR_{t-1} = bisheriger aktueller Rentenwert

BE_{t-1} = Bruttolöhne und -gehälter je Arbeitnehmer im vergangenen Kalenderjahr

BE_{t-2} = Bruttolöhne und -gehälter je Arbeitnehmer im vorvergangenen Kalenderjahr unter Berücksichtigung der Veränderung der beitragspflichtigen Bruttolöhne und -gehälter je Arbeitnehmer ohne Beamte einschließlich der Bezieher von Arbeitslosengeld

AVA_{2012} = Altersvorsorgeanteil für das Jahr 2012 in Höhe von 4 Prozent

RVB_{t-1} = durchschnittlicher Beitragssatz in der allgemeinen Rentenversicherung im vergangenen Kalenderjahr

RVB_{t-2} = durchschnittlicher Beitragssatz in der allgemeinen Rentenversicherung im vorvergangenen Kalenderjahr

RQ_{t-1} = Rentnerquozient im vergangenen Kalenderjahr

RQ_{t-2} = Rentnerquozient im vorvergangen Kalenderjahr

α = Gewichtungsfaktor: 0,25

(4) Pflichtversicherung

Seit der Gründung der gesetzlichen Rentenversicherung 1889 gehört das Mem der Pflichtversicherung zur institutionellen Form. Damals waren alle Arbeiter – unabhängig von ihrer Lohnhöhe – und kleinen Angestellten – bis 2000 Mark Jahreseinkommen – versicherungspflichtig. Mit der Einführung einer Angestelltenversicherung im Jahr 1911 wurden auch die besser-verdienenden Angestellten versicherungspflichtig, allerdings bestand noch für lange Zeit eine Versicherungspflichtgrenze, d.h. ab einer bestimmten Einkommenshöhe waren die Angestellten von der Pflichtversicherung befreit. Die Aufhebung der Versicherungspflichtgrenze zum Jahr 1968[15] beseitigte diesen letzten substantiellen Unterschied im materiellen Rentenrecht zwischen Arbeitern und Angestellten (vgl. Döring 2000: 176). Die Gründe für die Pflichtversicherung sind eindeutig: Einerseits soll die Rentenversicherung eine breite Finanzierungsbasis erhalten. Andererseits soll die Pflichtversicherung verhindern, dass sich Beschäftigte der Altersvorsorge entziehen und ggf. im Alter auf steuerfinanzierte Leistungen der Gemeinschaft zurückgreifen – also zur Vorbeugung von Missbrauch (vgl. Pilz 2004: 95). Die Pflichtversicherung ist damit eine wichtige Voraussetzung für das Funktionieren des „staatlichen Vormundschaftsmechanismus“ als zentralen institutionellen Mechanismus der GRV (siehe 2.4). Prinzipiell müssen alle Arbeitnehmer – sog. „abhängig Beschäftigte“ – Beiträge an die Rentenversicherung entrichten (§§ 1-4 SGB VI). Ausgenommen sind Beamte, Richter und Berufssoldaten, deren Pensionen werden direkt durch den Staat finanziert; Selbstständige und Freiberufler sind ebenfalls ausgenommen (§§ 5-6 SGB VI). Diese sichern sich entweder privat oder durch eigene berufsständische Vorsorgewerke ab. Doch der Gesetzgeber erweiterte schrittweise den Kreis der Versicherungspflichtigen um Gruppen der Nicht-Versicherungspflichtigen. Bei-

15 Eine Versicherungspflichtgrenze existiert dagegen in der gesetzlichen Krankenversicherung bis heute.

spielsweise können sich seit 1938 selbstständige Handwerker in der GRV freiwillig versichern und seit 1972 können auch Freiberufler der Rentenversicherung beitreten (vgl. Döring 2000: 177, 183; Lampert/Bossert 2007: 351). Durch die Ausweitung des Personenkreises vergrößerte die Rentenversicherung ihre ökologische Nische und ihren Einfluss auf die Umwelt[16].

(5) Beitragsbemessungsgrenze

Durch die Beitragsmessungsgrenze sind Arbeitsentgelte nur bis zu einer bestimmten Höhe rentenversicherungspflichtig. Darüber liegendes Arbeitseinkommen ist nicht mehr beitragspflichtig. Damit soll sichergestellt werden, dass die Bereitschaft der Bezieher hoher Einkommen zur Solidarität nicht übergebührlich belastet wird (vgl. Pilz 2004: 96). Sie wird jährlich per Rechtsverordnung festgesetzt und orientiert sich an der Entwicklung von Löhnen und Gehältern (§§ 159, 160 SGB VI). Im Kalenderjahr 2011 beträgt die Beitragsbemessungsgrenze in Westdeutschland 5500 Euro und in Ostdeutschland 4800 Euro.

2.3 Funktionen der gesetzlichen Rentenversicherung

Funktionen sind Leistungen, die eine Institution für ihre ökologische Nische bzw. Umwelt erbringt. Im Gegenzug erhält die Institution Ressourcen, um die Funktionen weiterhin erfüllen zu können und um zu überleben. Dadurch entstehen zwischen System und Umwelt fortwährende und stabile Austauschbeziehungen – ähnlich einer Symbiose (vgl. Patzelt 2007b: 314). Auf der einen Seite lassen sich manifeste Funktionen – Funktionen, die der Leitidee der Institution entsprechen bzw. von ihr gefordert werden – von latenten – Funktionen, die unabhängig von der Leitidee bestehen und zusätzlich erfüllt werden – unterscheiden (vgl. Patzelt 2007b: 318f.). Auf der anderen Seite lassen sich instrumentelle Funktionen – entfalten Effektivität und Effizienz, um den Fortbestand der Institution zu sichern – von symbolischen – sprechen die emotionalen Tiefen-

16 Im Jahr 2010 verfügte die GRV über 52 Millionen Versicherte und über mehr als 20 Millionen Rentner (vgl. Deutsche Rentenversicherung Bund 2010a).

schichten an und leisten so die memetische Reproduktion der Institution – unterscheiden (vgl. Patzelt 2007b: 316). Entlang dieser vier Kategorien werden die Funktionen der GRV eingruppiert. In der Geschichte des dynamischen umlagefinanzierten Rentensystems lassen sich insgesamt acht Funktionen entdecken:

(1) manifest-instrumentell:

Die GRV gewährt den Versicherten bei Alter, Tod und Erwerbsminderung Renten zur ökonomischen Absicherung. Die Altersrenten sollen nicht nur Altersarmut verhindern, sondern sie dienen zur Erhaltung des Lebensstandards im Alter. Der Anteil der Renten wegen Alters am Gesamtrentenbestand betrug 2010 über 70 Prozent (vgl. Deutsche Rentenversicherung Bund 2011: 48f.).

(2) latent-instrumentell:

Die GRV befördert den sozialen Ausgleich und mehrt den gesellschaftlichen Frieden, indem sie Benachteiligungen von Frauen, Müttern, Kranken, Arbeitslosen und Behinderten auszugleichen versucht. Insbesondere erwerbsgeminderte Personen und Hinterbliebene werden materiell geschützt (vgl. Igl 2007: 48). Zusätzlich realisiert die GRV einen Sozialtransfer von West nach Ost und übernimmt damit einen Teil der Folgelasten aus der Wiedervereinigung. Im Jahr 2010 betrug in den neuen Ländern die Differenz zwischen Beiträgen und Rentenleistungen rund 14 Milliarden Euro – ähnliche Größenordnungen werden für die kommenden Jahre erwartet (vgl. Bundesministerium für Arbeit und Soziales 2010: 31f.).

Die GRV erbringt für ihre Versicherten Leistungen zur Rehabilitation. Darunter fallen alle medizinischen und berufsfördernden Maßnahmen, die zur Wiederherstellung und Besserung der Arbeitskraft dienen. Einerseits soll die Erwerbsfähigkeit der Versicherten langfristig gesichert werden und anderseits soll den versicherten Risiken vorgebeugt werden (vgl. Deutsche Rentenversicherung Bund 2010a: 78f.). Im Jahr 2010 betrugen die Aufwendungen für Rehabilitation rund 2,2 Prozent der Gesamtausgaben der GRV (vgl. Deutsche Rentenversicherung Bund 2011: 21, 83).

Weiterhin wurde die GRV in den 1980er und 1990er Jahren zur Entlastung des Arbeitsmarktes instrumentalisiert, indem ältere Arbeitnehmer und Langzeitarbeitslose frühzeitig verrentet wurden (vgl. Igl 2007: 49). Die Frühverrentungen wirkten für Unternehmen wie für den Bundeshaushalt kosten- und konfliktentlastend: die Arbeitgeber konnten Arbeitsplätze einvernehmlich abbauen; das vom Markt genommene Arbeitsvolumen entlastete die Arbeitslosenversicherung (vgl. Trampusch 2006: 63).

Schließlich machte das hohe Leistungsvermögen der GRV die Bevölkerung gegenüber dem neuen Staat und den regierenden Parteien aufgeschlossen, was die Bundesrepublik nach Innen konsolidierte. Im Zuge der Rentenreform von 1957 stiegen die Arbeiterrenten im Durchschnitt um 65 Prozent und die Angestelltenrenten um 72 Prozent (vgl. Glombik 2007: 18). Adenauers Kalkül, mithilfe der Rentenreform politische Loyalität für die junge Bundesrepublik und für die regierenden Parteien zu generieren, ging auf: Die CDU/CSU erreichte bei der Bundestagswahl 1957 einen beachtlichen Wahlsieg. Das einzige Mal errang die Union die absolute Mehrheit nicht zu letzt wegen der Rentenreform (vgl. Döring 2000: 180). In dieser Hinsicht erzeugte die Rentenversicherung verlässlich Legitimität für die Bundesrepublik – grundsätzlich bis heute. Unbestritten trägt eine erfolgreiche Sozialpolitik zur Akzeptanz eines politischen Systems bei und sorgt für innere Stabilität (vgl. Leibfried et al.2008: 22). Bereits die bismarcksche Sozialgesetzgebung beherzigte dies, mittels Sozialpolitik Vertrauen und Wohlwollen für ein neues Staatswesen zu stiften und zu verstetigen.

(3) manifest-symbolisch:

Innerhalb der Gesellschaft begründet die Rentenversicherung einen intergenerationellen Zusammenhalt – pathetisch bezeichnet als „Generationenvertrag". Das originär familiäre Prinzip, dass die Jungen für die Alten sorgen, wird auf die Gesellschaft übertragen. Für dessen hinlängliche Umsetzung sind das Umlageverfahren und die Dynamisierung verantwortlich. Durch das staatliche Rentensystem können die Alten am Wohlstand der Jungen partizipieren und die Lasten der Altersversorge werden zwischen allen Generationen gerecht verteilt.

(4) latent-symbolisch:

Die gesetzliche Rentenversicherung orientiert sich an wichtigen verfassungsrechtlichen Prinzipien des Grundgesetzes und funktioniert dementsprechend. Das dynamische umlagefinanzierte Rentensystem wird in demokratischer Selbstverwaltung organisiert, das materielle Rentenrecht ist detailiert kodifiziert und unterliegt der Verfassungsgerichtsbarkeit, die Rentenleistungen wirken existenz-sichernd etc. Damit basiert die Rentenversicherung auf den Prinzipien der Demokratie, der Rechts- und Sozialstaatlichkeit (Artikel 20 Grundgesetz) sowie des Eigentumsschutzes[17] (Artikel 14 Grundgesetz) – sichtbar für alle Rentner und Versicherte.

Schließlich gehörte die GRV bis zum Zusammenbruch der realsozialistischen Staaten 1989/1990 zu den Mitteln westlicher Propaganda: Sie wurde als überlegene sozialpolitische Errungenschaft gegenüber dem Sozialismus inszeniert. Nach dem Willen des damaligen Bundeskanzlers Adenauer sollte ein leistungsfähiges Rentensystem die Bundesrepublik für DDR-Bürger noch attraktiver machen.

> „Die Sozialpolitik wurde somit zur Arena des Wetteiferns zwischen Ost und West" (Schmidt 2005: 171).

Insoweit stieg das Rentenniveau bisweilen schneller als die tatsächliche Wirtschaftskraft, um die Bevölkerung gegen sozialistische Verheißungen zu immunisieren. Außerdem kam für die Regierung Adenauer in Hinblick auf eine mögliche Wiedervereinigung nur ein Umlageverfahren in Frage, weil es ohne Anlaufzeit adäquate Rentenleistungen in den Beitrittsgebieten ermöglichen würde; im Gegensatz zu einem kapitalgedeckten Finanzierungsmodell, das erst nach Jahrzehnten der Ansparung funktionstüchtig gewesen wäre. Im Nachhinein bewahrheiteten sich diese Annahmen voll und ganz (vgl. Schmähl 2007b: 24; 2007c: 19f.).

Von den acht entdeckten Funktionen sind mittlerweile zwei weggefallen: die latent-symbolische Propaganda-Funktion und die latent-instrumentelle Arbeitsmarkt-Funktion; erstere wegen Beendigung des

---

17 Das Bundesverfassungsgericht stellte in seinem Urteil vom 28. Februar 1980 klar, dass die durch Beiträge begründeten Leistungen der Sozialversicherung unter den Eigentumsschutz gemäß Artikel 14 Absatz 1 des Grundgesetzes fallen. Siehe dazu ausführlich: BVerfGE 53, 257.

Ost-West-Konfliktes, denn dadurch wurde diese Funktion von der Umwelt nicht mehr nachgefragt; letztere am Ende der 1990er Jahre weil erkannt wurde, dass die Frühverrentungen sich langfristig dysfunktional zur institutionellen Passung der Rentenversicherung verhielten. Insgesamt waren nicht alle von der GRV erfüllten Funktionen ex ante vorgegeben, sondern sie ergaben sich aus der Entwicklung zwischen der Institution und ihrer Umwelt – z.B. die sukzessive Herausbildung der Funktion des sozialen Ausgleichs oder der Rehabilitations-Leistungen. Dergestalt sind die entdeckten Funktionen als Ergebnisse der Institutionenevolution aufzufassen.

2.4 Zentraler institutioneller Mechanismus

> „Im Rahmen des Evolutorischen Institutionalismus (…) ist ein ‚institutioneller Mechanismus' ein Bündel von hinsichtlich ihrer wechselseitigen Abhängigkeit einschätzbaren, in ihren Gesamtfolgen recht verlässlich kalkulierbaren und immer wieder zielgerichtet nutzbaren Handlungsketten" (Patzelt 2007b: 324).

Institutionelle Mechanismen sind komplexe Bestandteile einer Institution, die für deren Stabilität und Dauerhaftigkeit sorgen, weil sie zur Selbstreproduktion und Funktionserfüllung der Institution maßgeblich beitragen. Sie lassen sich entlang von Regeln, Positionen und Interessen der dabei beteiligten Akteure darstellen (vgl. Patzelt 2007b: 325). Institutionen erfüllen durch die Initiierung und Aufrechterhaltung solcher Mechanismen Funktionen für ihre Umwelt. Die Institution der GRV verwirklicht ihre Leitidee der Lebensstandardsicherung durch den „staatlichen Vormundschaftsmechanismus":

Der Staat zwingt seine Bürger – alle abhängig Beschäftigten – durch eine gesetzlich geregelte Pflichtversicherung zur Altersvorsorge, weil sie freiwillig zu wenig für das Alter versorgen und eine größere Neigung für den gegenwärtigen Konsum haben (vgl. Stuchlik 2010b: 7). Daher wird bei jeglicher abhängiger Beschäftigung[18] mittels eines automatisierten Lohnabzugsverfahrens der Rentenversicherungsbeitrag an die GRV abge-

18 Versicherungsfrei für Arbeitnehmer bleiben geringfügige Beschäftigungen bis zu 400 Euro monatlich – sog. „Minijobs" (vgl. Deutsche Rentenversicherung Bund 2010a: 67).

führt. Damit finanzieren die Arbeitnehmer ihre Altersvorsorge eigenverantwortlich – nur Selbstständige, Freiberufler und verbeamtete Staatsbedienstete können sich dem Mechanismus entziehen. Im Gegenzug verspricht der Staat auskömmliche Altersrenten und garantiert für die durch Beitragsleistung erworbenen Rentenansprüche. Die Absicht des Staates besteht darin: Wenn sich seine Bürger über Beiträge gegen das Alter ökonomisch absichern, dann gibt es weitgehend keine Altersarmut, für die der Staat finanziell direkt aufkommen müsste. Die Gefahr, dass die Erwerbstätigen zu wenig Vorsorge betreiben und der Staat Transferleistungen zahlen muss, wird somit minimiert. Allerdings dürfen die Sozialbeiträge nicht übergebührlich steigen, da sie auf den Faktor Arbeit anfallen und zu hohe Arbeitskosten den Beschäftigungsstand senken. Ebenso haben die Bürger ein offenkundiges Interesse an der gesetzlichen Rentenversicherung, weil sie sich nicht selbst um eine ausreichend gegen das Armutsrisiko im Alter schützende Vorsorge bemühen müssen. Durch die staatliche Alterssicherung sparen sie Informations- und Transaktionskosten. Allerdings müssen sie sich dabei voll und ganz auf den Staat verlassen, der lebensstandard-sichernde Renten in Aussicht stellt.

Der staatliche Vormundschaftsmechanismus setzt die in der Leitidee zum Ausdruck kommende Funktion der Lebensstandardsicherung um. Er kanalisiert die Beiträge für die Rentenauszahlungen und sichert im Gegenzug den Erwerb von Rentenanwartschaften zu. Die Wirksamkeit des staatlichen Vormundschaftsmechanismus hängt von der Stabilität der Interessen, Regeln und Strukturen ab, auf denen er beruht. Jegliche Formen des exogenen und endogenen Institutionenwandels werden mit hoher Wahrscheinlichkeit dessen Funktionstüchtigkeit herabsetzen wie z.B. der Rückgang sozialversicherungspflichtiger Beschäftigung oder die Aufhebung der Pflichtversicherung. Der Staat errichtet ein Sozialversicherungssystem, das die Bürger zwingt, für die Risiken des Lebens vorzusorgen, und erreicht so ein hohes Maß an sozialer Wohlfahrt, ohne direkt finanziell dafür aufkommen zu müssen. In diesem Sinne lässt sich der staatliche Vormundschaftsmechanismus auch auf die anderen Säulen des deutschen Sozialversicherungssystems – auf die Kranken-, Pflege- und Arbeitslosenversicherung – anwenden.

2.5 Institutionelle Bebürdungsstrukturen

Meme existieren nicht isoliert voneinander, sondern wirken auf vielschichtige Weise zusammen. Diese Eigenschaft wird als Interdependenz bezeichnet. In diesem Sinne kooperieren Meme miteinander, um andere Meme in Geltung zu halten oder zu reproduzieren (vgl. Demuth 2007a: 434). Wenn ein Mem die Last eines anderen Mems trägt, ist es mit diesem bebürdet. Meme, die zur Leistungserbringung von Strukturen beitragen, besitzen eine funktionelle Bürde. Meme, die zur Reproduktion der institutionellen Strukturen nötig sind, tragen eine memetische Bürde (vgl. Demuth 2007a: 425). Nicht alle Meme tragen die gleiche Last: Es gibt für die institutionelle Architektur grundlegende, wichtige Meme und eher unwichtigere. Daraus entstehen Bebürdungsschichten mit unten liegenden viel Verantwortung tragenden Memen und oben liegenden kaum Verantwortung tragenden Memen. Meme mit geringer Bebürdung sind leicht zu verändern und besitzen eine große variative Freiheit, dagegen sind solche mit hoher Bebürdung nur schwer zu verändern und haben kaum Variationsmöglichkeiten (vgl. Demuth 2007a: 426). Die Gefahr des Zusammenbrechens der Institution durch falsch ansetzenden institutionellen Wandel steigt mit dem Grad der Bebürdung der Meme, die durch Reformen verändert werden. Am meisten bebürdet ist die Leitidee der Institution, deshalb prägt diese in besonderer Weise die institutionelle Form. Sobald sich Meme ändern, wandeln sich die von den Memen getragenen Strukturen und Funktionen der Institution (vgl. Demuth 2007a: 421f.).

Beispielsweise hätte die Infragestellung des Mems der Pflichtversicherung katastrophale Folgen für die Institution der GRV. Das Aufweichen des Mems der Pflichtversicherung würde dazu führen, dass Arbeitnehmer verstärkt aus der GRV austreten könnten, um privat weniger Altersvorsorge zu betreiben. Zum einen würde dadurch die Zahl der Beitragszahler sinken, wodurch das ganze Rentensystem in Finanznot käme. Zum anderen stiege wegen unzureichender privater Altersvorsorge die Altersarmut in der Bevölkerung, für die der Staat dann direkt aufkäme. Ergo ist das Mem der Pflichtversicherung sowohl funktionell – zur Aufrechterhaltung des Umlageverfahrens – wie auch memetisch – zur Bewahrung der Leitidee der Lebensstandardsicherung im Alter – stark bebürdet. Das Prinzip der Teilhabeäquivalenz ist für die institutionelle Stabilität ebenso von zentraler Bedeutung, da es den Arbeitnehmern eine ihrer Beitragsleistung entsprechende Rente verspricht – keine Einheitsrente. In diesem Sinne haben die Versicherten einen Anreiz, Beiträge zu zahlen. Wird das Mem der Teilhabeäquivalenz verwässert, indem die Rentenhöhe von der Arbeitsleistung zunehmend entkoppelt wird, dann geht der Anreiz der Beitragszahlung verloren. Infolgedessen würden negative Verhaltensweisen der Beitragsvermeidung entstehen z.B. in Form von Schwarzarbeit, Arbeitslosigkeit oder Selbstständigkeit, weil die Altersrenten überwiegend unabhängig von Vorleistungen gezahlt würden (vgl. Sinn 2005: 404). Soll die spezifische institutionelle Form der GRV erhalten bleiben, dann muss an dem memetisch und funktionell stark bebürdeten Prinzip der Teilhabeäquivalenz unbedingt festgehalten werden. Dagegen erweist sich das Mem der Rentenauszahlungsvorschrift für den institutionellen Charakter und die Stabilität der Rentenversicherung als nahezu bedeutungslos, da es sowohl memetisch wie funktionell nur schwache Bürden trägt. Daher verlief die Neukonzeption der Rentenauszahlungsvorschrift im Jahr 2003 für die institutionelle Struktur unproblematisch. Seit April 2004 werden die Renten für Neurentner erst zum Monatsende ausbezahlt und nicht mehr wie bisher zum Monatsanfang. Die Bestandsrentner bleiben davon unberührt (vgl. Deutsche Rentenversicherung Bund 2010b: 11).

Zudem erfährt die Institution der GRV seit der Reform von 1957 eine verstärkte funktionelle und memetische Bebürdung, die sich aus der Verflechtung mit anderen Politikfeldern ergibt. Es wird umso schwerer, Veränderungen an den Trägern von Bürden in der institutionellen Architektur vorzunehmen, weil sonst auch Teile anderer Institutionen – etwa der Familienförderung, der Arbeitsmarktpolitik oder des Gesundheitssystems – wegbrechen könnten. In dieser Hinsicht ist die Rentenversicherung zusätzlich mit Memen bebürdet, die unabhängig von ihrer Leitidee bestehen, die sie in ihrer Funktionserfüllung einschränken und die ihre Reformfähigkeit erschweren.

2.6 Institutionelle Form und praktizierte institutionelle Form

Die institutionelle Form umfasst alle Regeln, Normen und Routinen, die definieren, wie die Institution sein soll z.B. welche Prozesse innerhalb und zwischen der Institution und ihrer Umwelt ablaufen sollen oder für welche Zwecke und in welchem Umfang die Institution Leistungen erbringen soll (vgl. Patzelt 2007b: 383). Aus dem Zusammenwirken von institutioneller Form und spezifischen Nischenbedingungen der Institution resultiert die praktizierte institutionelle Form – sie stellt die konkrete Entfaltung der institutionellen Form in der Wirklichkeit dar (vgl. Demuth 2007a: 453).

Das VI. Sozialgesetzbuch kodifiziert umfassend die institutionelle Form der gesetzlichen Rentenversicherung. Es regelt den versicherten Personenkreis, die Leistungen, die Finanzierung und die Struktur der Institutionenorganisation[19]. Die Zusammenfassung des Rentenrechts in einem eigenen Sozialgesetzbuch erfolgte durch die Rentenreform von 1992 (vgl. Deutsche Rentenversicherung Bund 2010b: 5f., 18). Durch die gesetzliche Fixierung weisen die Meme der Rentenversicherung eine große Starrheit auf, was deren Reproduktion verlässlich bewirkt – solange bis Gesetze die Meme wieder verändern, weiterentwickeln oder aufheben. Die Meme werden zwar gesetzlich fixiert, nicht aber deren Geltungsansprüche (vgl. Demuth 2007b: 458). Die gesetzliche Fixierung und die einhergehende gerichtliche Überprüfung ermöglichen eine verlässliche Tradierung und eine stabile Aufrechterhaltung der institutionellen Form. Eo ipso herrscht zwischen der normativ geprägten institutionellen Form und der tatsächlichen Praxis der gesetzlichen Rentenversicherung ein hohes Maß an Übereinstimmung. Auf der anderen Seite wird die Institution dadurch steif und unflexibel, was der institutionellen Passung und der Anpassungsfähigkeit an Veränderungen in der Umwelt schadet.

Abweichungen von der institutionellen Form gingen stets auf politische Entscheidungen der Bundesregierungen zurück. Beispielsweise wurde der 1997 von der Kohl-Regierung beschlossene „demografische Faktor“ zur Dämpfung von Rentensteigerungen nach der Bundestagswahl 1998 zunächst außer Kraft gesetzt und dann abgeschafft. Die neue rot-grüne Bundesregierung löste damit ein Wahlkampfversprechen ein, obwohl sie damit den dringend notwendigen Reformbedarf konterkarierte. Logischerweise musste die rot-grüne Bundesregierung wenige Jahre später selbst ein ähnliches Instrument, den „Nachhaltigkeitsfaktor“, einfüh-

19 Dabei handelt es sich um die beiden Träger der GRV: „Deutsche Rentenversicherung Bund“ und „Deutsche Rentenversicherung Knappschaft-Bahn-See“.

ren (vgl. Hinrichs 2004: 275). Gleichermaßen setzte die schwarz-rote Bundesregierung in den Jahren 2007 und 2008 den „Riester-Faktor" als renten-dämpfenden Faktor aus – wiederum politisch opportun, aber rentenpolitisch vermessen, so Bomsdorf (vgl. Bomsdorf 2008: 221). In den Augen der großen Koalition entfaltete der Riester-Faktor eine zu starke Dämpfungswirkung, die eine dem Wirtschaftsaufschwung entsprechende Rentenerhöhung unmöglich machte, weswegen er für 2007 und 2008 einfach ausgesetzt wurde. Dieser Schritt stellte erneut die veränderte institutionelle Form der Rentenanpassungsformel zur Disposition und schwächte die angestrengten Reformen. Die unterbliebenen Minusanpassungen sollen erst ab dem Jahr 2011 nachgeholt werden, indem sie mit zukünftigen Rentensteigerungen verrechnet werden (vgl. Bourcarde 2011: 219). Bis dahin kommt die zeitliche Verschiebung faktisch einer Abschaffung des Riester-Faktors gleich. Darüber hinaus verletzten die Bundesregierungen wiederholt das Dynamisierungs-Prinzip zu Lasten der Rentenempfänger. Gemäß der institutionellen Form sollen sich die Renten parallel zu den Löhnen und Gehältern entwickeln. Doch die jährlich vorzunehmenden Rentenanpassungen erfolgen nicht automatisch, sondern unterliegen dem politischen Vorbehalt der Regierungsparteien. Einerseits kam es in der Praxis zu „Nullrunden" z.B. in den Jahren 2004 und 2006, was bedeutete, dass es trotz steigender Arbeitsentgelte keinerlei Rentenanpassung gab (vgl. Rürup 2006: 93; Bourcarde 2011: 214, 217). Andererseits wurden Rentenanpassungen beschlossen, die lediglich einen Ausgleich der Inflationsrate gewährten wie z.B. in den Jahren 2000 und 2001 (vgl. Dünn/Fasshauer 2001: 267). Die unterbliebenen jährlichen Rentenanpassungen stehen im Widerspruch zur institutionellen Form der GRV. Die Politiker vermeiden lieber absolute Rentenkürzungen, indem sie darauf vertrauen, zukünftige Rentensteigerungen entsprechend kürzen zu können. So wird der Memplex der Dynamisierung untergraben und die institutionelle Form teilweise ihrer Geltung beraubt (vgl. Bourcarde 2011: 225). Durch das Abweichen von der institutionellen Form gewinnt der Gesetzgeber Spielräume und Flexibilität beim Umgang mit Finanzierungslücken. Kurzfristig lässt sich damit die Institution der GRV stabilisieren, doch auf den zweiten Blick offenbaren sich gravierende Nachteile: Zum einen werden langfristige Reformbemühungen zunichte gemacht und die auftretenden Passungsmängel kumulierend nach Hinten verschoben. Zum anderen sinken durch die ständigen politischen Interventionen die Akzeptanz und das Ansehen des Rentensystems bei Versicherten, Arbeitgebern und Rentnern – dessen Geltungsansprüche werden damit nicht mehr ausreichend symbolisiert. Bourcarde meint bereits, dass es de facto keinerlei verbindliche Rentenanpassungsformel mehr gebe. Stattdessen regierten die Ausnahmen und die Politik entscheide kurzfristig nach Kassenlage und Wahlkalender (vgl. Bourcarde 2011: 221).

3 Die Ursachen der institutionellen Krise und ihre Folgen

Solange eine Institution zu ihrer Umwelt passt, solange bleibt die Institution stabil und kann verlässlich ihre Funktionen erfüllen. Als Umwelt der Institution werden alle Elemente der Wirklichkeit bezeichnet, die nicht Teil der Institution selbst sind, und als Nische jene Umwelt-Elemente, die für den dauerhaften Bestand und das Funktionieren der Institution relevant sind (vgl. Lempp 2007a: 380). Der Zustand der Angepasstheit der Institution an ihre ökologische Nische wird als „Passung" und die Eigenschaft der Anpassungsfähigkeit als „institutionelle Fitness" bezeichnet. Allerdings sind Gleichgewichtszustände eher selten, da Institutionen ständig Einflüssen endogenen und exogenen Wandels ausgesetzt sind (vgl. Patzelt 2007b: 340, 355). Häufiger treten sog. „Passungslücken" auf, was bedeutet, dass die Institution die in ihrer Leitidee ausgewiesenen manifesten Funktionen nicht oder nicht ausreichend erfüllen kann oder dass sie nicht mehr in der Lage ist, genügend Ressourcen aus ihrer Nische für Funktionserfüllung und Selbstreproduktion zu erlösen. Deshalb muss sich jede Institution fortwährend ihrer Nische anpassen und die funktionalen Anforderungen zuverlässig erfüllen, um genügend Ressourcen für ihren Weiterbestand zu sichern und um das Auftreten von Passungslücken zu vermeiden (vgl. Lempp 2007a: 389).

Die Lebensstandardsicherung der Versicherten im Alter stellt die Hauptaufgabe der gesetzlichen Rentenversicherung dar. Zur Erfüllung dieser Aufgabe erhält die Institution zum einen Steuergeld aus dem Bundeshaushalt von der Regierung bzw. von der die Regierung tragenden Parlamentsmehrheit und zum anderen Rentenversicherungsbeiträge, die hälftig von Arbeitnehmern und Arbeitgebern aufgebracht werden. Diesen Akteuren der Input-Seite stehen die Rentner als Leistungsempfänger auf der Output-Seite gegenüber. Neben diesen unmittelbaren Akteuren und

Adressaten[20] der Sachinstitution existieren weitere in ihrer Umwelt, die für sie relevant sind. Dabei handelt es sich vor allem um verschiedene Akteure des sog. „epimemetischen Systems“ der Institution. Das epimemetische System umfasst machtausübende gesellschaftliche Strukturen, die in Enkulturations- und Sozialisationsprozessen sicherstellen, dass genau bestimmte Meme einer Institution weitergegeben, denk- und handlungsanweisend werden. Die institutionelle Form vermag allein das epimemetische System zu verändern (vgl. Demuth 2007a: 427; Lempp 2007a: 380ff.). Erstens bestimmt der Gesetzgeber – d.h. die Regierungsparteien und die von ihnen getragene Bundesregierung – direkt über die Architektur der Rentenversicherung. Zweitens beeinflusst das Bundesverfassungsgericht durch seine Rechtsprechung die institutionelle Struktur der Rentenversicherung. Drittens zählen Interessengruppen zu den Akteuren des epimemetischen Systems: Die Gewerkschaften treten für die Belange der versicherten Arbeitnehmer und Rentner ein und auf der anderen Seiten stehen die Spitzen- und Dachverbände der Arbeitgeber, die als Multiplikatoren für deren favorisierten Meme in Erscheinung treten. Viertens bestimmen epistemische Gemeinschaften – wie Kommissionen, Expertengremien, Institute oder wissenschaftliche Beiräte – mit, welche Meme institutionell handlungsleitend werden sollen und welche nicht. Dabei treten sie für alle drei zuvor genannten Akteursgruppen als Berater, Sachverständige oder Lobbyisten auf. Schließlich muss die ökologische Nische der GRV nach konkurrierenden Institutionen befragt werden, die funktionell und ressourcenmäßig mit ihr wetteifern. Wegen der Pflichtversicherung verfügt die GRV de facto über eine Monopolstellung am Markt für Altersvorsorge, die aber durch die Riester-Rentenreform im Jahr 2001 aufgebrochen wurde. Dadurch erhalten die Anbieter von kapitalgedeckter Altersvorsorge, wie Banken und Versicherungen, die Chance, die Leistungsfähigkeit ihrer Produkte unter Beweis zu stellen und sie als überlegen gegenüber dem Umlagesystem darzustellen. Die Banken und Versicherungen wollen ihre Produkte memetisch attraktiver machen, um im deutschen Alterssicherungssystem an Bedeutung zu gewinnen und

20 Vollständigkeitshalber seien noch die Akteure der Institutionenorganisation, also die Mitarbeiter der beiden Träger der Deutschen Rentenversicherung, erwähnt. Allerdings spielen diese für den institutionellen Wandel der gesetzlichen Rentenversicherung nur eine vernachlässigbare Rolle.

um eine Memdrift weg vom Umlageverfahren hin zum Kapitaldeckungsverfahren in Gang zu setzen.

Durch die Einführung des dynamischen umlagefinanzierten Rentensystems stiegen die Renten kontinuierlich, die Armut im Alter nahm ab, die Rentnergenerationen wurden immer wohlhabender. Dabei verdankte das neue Rentensystem seine Leistungsfähigkeit den Nischenbedingungen, unter denen es entstanden war und auf die es adaptiert wurde. Diese ökonomischen und demografischen Kontextfaktoren waren: die Bundesrepublik erlebte einen rasanten, langanhaltenden wirtschaftlichen Aufschwung; genügend motivierte und gut ausgebildete Arbeitskräfte standen bereit; seit 1957 herrschte Vollbeschäftigung; die Unternehmen steigerten stetig ihre Produktivität; die Löhne und Gehälter stiegen bei moderater Inflation; die Bevölkerung war jung und die Rentnergenerationen klein. Die der Rentenreform vorausgegangenen Bundestagsdebatten thematisierten zwar auch die Verschlechterung der wirtschaftlichen und demografischen Rahmenbedingungen, allerdings wurden diesbezüglich keinerlei Vorkehrungen in dem Reformwerk getroffen[21]. Erstens versäumten es die Parlamentarier, einen Faktor, der die Geburtenrate oder die Lebenserwartung berücksichtigt, in die Rentenanpassungsformel einzubauen, obwohl der sich abzeichnende Prozess der Alterung der Gesellschaft bereits damals bekannt war (vgl. Bomsdorf 2007: 24). Zweitens wurde über die möglichen Folgen debattiert, die aus einem konjunkturellen Einbruch resultieren würden, ohne am Ende dagegen Vorkehrungen zu treffen wie z.B. in Form eines Faktors mit renten-dämpfender Wirkung für den Fall, dass sich das Verhältnis zwischen Beitragszahlern und Rentnern zu Lasten ersterer verschlechtern würde. Die Rentenbezugsdauer sowie die Anzahl der Beitragszahler und der Rentner sind die entscheidenden Einflussgrößen auf die Finanzgrundlagen der gesetzlichen Rentenversicherung. Schließlich baute der Gesetzgeber in den folgenden Jahrzehnten – sozialpolitisch motiviert – die Leistungen der Rentenversicherung immer weiter aus. Somit trug der expandierende Sozialstaat ebenfalls zur Überlastung der Institution der GRV bei und gefährdete sie

21 Die Rentenreform von 1957 wurde mit den Stimmen der Abgeordneten von CDU/CSU, SPD, und FVP verabschiedet. Die Abgeordneten der FDP lehnten die Reform ab und die DP-Abgeordneten enthielten sich mehrheitlich. Damit stimmten insgesamt 398 von 440 stimmberechtigten Abgeordneten zu (vgl. Schmähl 2007b: 5).

in ihrer Existenz. Die Passung und die institutionelle Fitness der Rentenversicherung wurden und werden durch diese drei Aspekte beständig herausgefordert. Dabei handelt es sich durchweg um exogene Faktoren, also um Veränderungen in der Nische der GRV, die den Institutionenwandel verursachen – endogene Ursachen spielen nahezu keine Rolle. Im Folgenden werden die drei exogenen Hauptursachen für den Institutionenwandel erläutert und deren Folgen besprochen.

3.1 Demografische Entwicklung

Der Wandel der Bevölkerungsstruktur in der Bundesrepublik zeichnet sich seit den frühen 1960er Jahren ab. Dabei lassen sich die Tendenzen der „Unterjüngung" und der „Überalterung" ausmachen, die zugleich in allen anderen westlichen Industrienationen zu beobachten sind (vgl. Sinn 2005: 381f.). Aus medizinischen und technischen Fortschritt sowie aus der Verbesserung der Arbeitsbedingungen resultiert eine steigende Lebenserwartung, die längere Rentenbezugszeiten nach sich zieht. In den Anfangsjahren der GRV lag die durchschnittliche Rentenbezugszeit bei zehn Jahren, heute liegt sie mittlerweile bei circa 20 Jahren (vgl. Bomsdorf 2007: 26). Gemäß der 12. koordinierten Bevölkerungsvorausberechnung des Statistischen Bundesamtes nimmt die fernere Lebenserwartung von 65-jährigen Frauen von heute bis zum Jahr 2030 um gut zwei Jahre auf 22,8 Jahre zu. Bei Männern wird ebenso ein Anstieg von gut zwei Jahren auf dann 19,4 Jahre erwartet. Auf der anderen Seite verursachte die sinkende und dann auf niedrigem Niveau verharrende Geburtenrate den demografischen Wandel. Diese lag 2005 statistisch bei 1,35 Kindern pro Frau. Um die Bevölkerungsgröße zu erhalten, wäre ein Minimum von 2,08 Kindern erforderlich, wobei Deutschland seit den 1970er Jahren eine Fertilitätsrate aufweist, die darunter liegt. Eine Trendwende ist nicht in Sicht, die Fertilität wird mittelfristig auf dem geringen Niveau von rund 1,4 Kindern pro Frau verbleiben (vgl. Sinn 2005: 386; Bundesministerium für Arbeit und Soziales 2010: 12). Die Gründe für die Kinderarmut in Deutschland liegen in einem langfristigen Wertewandel begründet – offenkundig veränderten sich über Jahrzehnte hinweg gesellschaftliche Meme u.a.: Ehe und Kinder verlieren als klassische Lebensziele an Attraktivität; Single-Dasein und Ein-Kind-Familie gewinnen dafür an Anziehungskraft; Kinder werden als konsum-einschränkend wahrgenommen; Kinder erhöhen die Gefahr sozialen Abstiegs. Darüber hinaus verursachte die Rentenversicherung die zunehmende Kinderlosigkeit und damit die demografische Krise selbst mit:

> „Auf die eigenen Kinder kommt es nicht an. Der Rentenanspruch hängt nicht davon ab, sondern nur von dem Geld, das man zur Finanzierung der Renten der Generation seiner eigenen Eltern beigesteuert hat" (Sinn 2005: 546).

Bei der Rentenreform von 1957 wurde es schlechtweg versäumt, die Kinderzahl im Rentenversicherungsbeitrag zu internalisieren oder sie ausreichend in der Rentenformel zu berücksichtigen – grundlegend wurde dieser Systemfehler bis heute nicht behoben (vgl. Bünnagel/Eckhoff 2007: 23f.). Als Versicherung gegen Kinderlosigkeit und gegen die daraus erwachsende Altersarmut vergesellschaftete die GRV den Kinderreichtum, wodurch der individuelle Anreiz für Kinder erlosch. Damit verhält sich das von der Rentenversicherung getragene Mem der Kinderunabhängigkeit langfristig dysfunktional zum weiteren Bestand der Institution (vgl. Sinn 2005: 423f.). Die Bevölkerungsstruktur und deren mittelfristige Entwicklung lassen sich durch Reformen nicht mehr beeinflussen. Sie sind als unabänderliche demografische Fakten zu begreifen und dergestalt bei allen Reformmaßnahmen zu berücksichtigen. Der demografische Wandel kann durch Familien- und Zuwanderungspolitik nur langfristig gestaltet werden (vgl. Rische 2007a: 173). Nach wie vor fehlt es an einer wirksamen Bevölkerungspolitik in Deutschland, die Anreize für die Aufziehung von Kindern setzt und Eltern bessere Bedingungen bietet: die steuerlichen Anreize für Mehr-Kinder-Familien sind zu gering, der Arbeitsmarkt ist unzureichend an die Bedürfnisse von Eltern angepasst, Vorschuleinrichtungen und Angebote für Ganztagsbetreuung existieren nicht in ausreichendem Maße (vgl. Sinn 2005: 435ff.).

Weil die Menschen in Deutschland immer länger leben und zu wenige Kinder bekommen, wird das Durchschnittsalter der Bevölkerung von 41,1 Jahre im Jahr 2000 auf 48,2 Jahre im Jahr 2050 ansteigen. Das Verhältnis von Versicherten zu Rentenempfängern hat sich bereits von vier zu eins im Jahr 1965 auf zwei zu eins im Jahr 2001 verschoben (vgl. Bomsdorf 2001: 143f., 146). Erst Ende der 1990er Jahre begann der Gesetzgeber, sich der demografischen Herausforderung reformerisch entgegenzustellen, denn Vorausberechnungen ergaben, dass ohne Reformen die Beitragssätze bis 2030 auf circa 40 Prozent steigen würden. Dabei stellt die Kopflastigkeit der Alterspyramide für jegliche Renten-Finanzierungsart ein Problem dar. Nicht nur die umlagefinanzierte Altersvorsorge wird durch den demografischen Wandel belastet. Die kapitalgedeckte Altersvorsorge sieht sich ebenso einer kleiner werdenden Zahl an Versicherten gegenüber, weshalb die Kapitalstöcke geringer wachsen werden. Auch sie muss die längere Dauer der Renten-Auszahlung rendite-mindernd berücksichtigen. Außerdem könnte beim Renteneintritt der geburtenstarken Jahrgänge ein Angebotsüberschuss auf den Kapitalmärkten drohen, der fallende Vermögenspreise provozieren und die Altersvorsorge entsprechend abschmelzen lassen würde (vgl. Rische 2007a: 172).

3.2 Entwicklung des Arbeitsmarktes

Die Passungslücke zwischen der gesetzlichen Rentenversicherung und ihrer ökologischen Nische wurde weiterhin durch den Wandel am Arbeitsmarkt in den letzten Jahrzehnten verursacht. Als 1957 das neue Rentensystem in Kraft trat, erreichte die deutsche Wirtschaft erstmals Vollbeschäftigung bei stetig steigenden Löhnen und Gehältern. Die Rentenfinanzen entwickelten sich solide, das Beitragsaufkommen war hoch und übertraf sogar die Rentenauszahlungen. Die Wachstums- und Beschäftigungseinbrüche ab Mitte der 1970er Jahre – als Folgen der Ölpreis-Explosion – beendeten diese komfortable Lage. Die Situation auf dem Arbeitsmarkt verschlechterte sich und es entstand eine strukturelle Arbeitslosigkeit im Millionenbereich. Ab 1982 überstieg die Arbeitslosenzahl die Zwei-Millionen-Grenze (vgl. Lampert/Bossert 2007: 401f.). Der Rückgang der Beschäftigungszahlen schmälerte die Finanzgrundlagen der GRV, er machte eine Erhöhung der Beiträge und des Bundeszuschusses notwendig und später auch Leistungskürzungen erforderlich. Da Löhne und Gehälter mit dem RV-Beitragssatz funktional bebürdet sind, verteuern Beitragserhöhungen automatisch die Arbeitskosten, was die Nachfrage nach dem Faktor Arbeit sinken lässt (vgl. Hardach 2007: 22). Damit wirken zu hohe RV-Beiträge dysfunktional für die langfristige Existenz und das Funktionieren der Institution, weil sie Arbeitslosigkeit zusätzlich verstärken und damit das Beitragsaufkommen verringern. Die Selbsterhaltung des dynamischen umlagefinanzierten Rentensystems beruht wesentlich auf einen hohen Grad an sozialversicherungspflichtiger Vollzeit-Beschäftigung. Daher stellen Phasen schlechter konjunktureller Entwicklung mit andauernder hoher Arbeitslosigkeit und stagnierenden Löhnen die Finanzierbarkeit des Rentensystems in Frage.

Die wechselhafte Konjunkturentwicklung und die Flexibilisierung des Arbeitsmarktes deformieren die Erwerbsbiografien: Teilzeitarbeit, Minijobs, Phasen der Arbeitslosigkeit oder temporäre Selbstständigkeit werden häufiger. Die Vielfalt an Erwerbsformen ermöglicht das Unterlaufen der Versicherungspflicht und beeinträchtigt das Vorsorgeziel der GRV. Die Annahme der kontinuierlichen regulären Vollzeitarbeit gerät zunehmend in Widerspruch zur Lebens- und Berufswirklichkeit unserer Gesellschaft (vgl. Döring 2000: 183). Grundsätzlich stellt die GRV den Versicherten Renten in Aussicht, die ihren im Arbeitsleben erworbenen Lebensstandard entsprechen sollen. Als Zielmarke dient die sog. „Eckrente", die sich nach 45 Versicherungsjahren mit einem durchschnittlichen Bruttoarbeitsentgelt in Relation zu allen Versicherten ergibt und die circa 70 Prozent des durchschnittlichen Nettoarbeitsentgeltes betragen soll. Dabei ist die Eckrente voraussetzungsreich, denn sie basiert auf einer lückenlosen individuellen Erwerbsbiografie ohne längere Phasen der Arbeitslosigkeit, der Versicherungslosigkeit oder eines geringen Verdienstes. Aufgrund der Veränderungen am Arbeitsmarkt wird es für viele Versicherte schwieriger, die erforderliche Zahl an Entgeltpunkten zu erwerben, um eine dem im Berufsleben erworbenen Lebensstandard entsprechende Rente zu erhalten. Im Gegenteil, bei Arbeitslosigkeit sinken die Rentenanwartschaften, gleichzeitig werden keine Betriebsrentenansprüche erworben und bei einem Wiedereinstieg ins Erwerbsleben fallen die Entgelte in der Regel geringer aus als bei durchgehender Beschäftigung (vgl. Schmähl 2011: 13f.).

Des Weiteren verschlechterten Frühverrentungen und Altersteilzeitprogramme, die ab Mitte der 1980er Jahre durch Arbeitsminister Blüm forciert wurden, die institutionelle Passung der Rentenversicherung. Damit resultierten die andauernden Finanzierungslücken nicht nur aus einer steigenden Lebenserwartung, sondern auch aus einem niedrigen faktischen Renteneintrittsalter. Dieses lag im Jahr 2000 bei nur 62,3 Jahren, d.h. im Durchschnitt gingen die Versicherten 2,7 Jahre eher in Rente als vorgesehen (vgl. Deutsche Rentenversicherung Bund 2011: 68). Durch die Frühverrentungspolitik konnten Unternehmen Kosten in die Rentenversicherung verschieben und der Bundeshaushalt zum Nachteil der beitragsfinanzierten Rentenversicherung entlastet werden. Die vorzeitigen Renteneintritte erhöhten die Rentenausgaben und vergrößerten das Missverhältnis zwischen Ressourcen-Input und -Output. Infolgedessen verursachten sie höhere RV-Beiträge, die sich wiederum negativ auf den Arbeitsmarkt auswirkten, weil sie noch mehr Arbeitslosigkeit provozierten (vgl. Bünnagel/Eckhoff 2007: 24; Sinn 2005: 249). Grundsätzlich zwangen die steigenden Belastungen des Faktors Arbeit durch Sozialbeiträge – Mitte der 1990er Jahre kletterten die Sozialversicherungsbeiträge auf über 40 Prozent – die Unternehmen in einer internationalisierten Wirtschaft zu Standortverlagerungen, was den Arbeitsmarkt unter Druck setzte (vgl. Trampusch 2006: 64). Weiterhin erwuchsen Belastungen für die Rentenkasse aus der Wiedervereinigung und der Übertragung des westdeutschen Sozialstaats auf die neuen Länder, denn deren Kosten wurden verstärkt durch die Sozialversicherungssysteme aufgebracht und weniger durch Steuern (vgl. Lampert/Bossert 2007: 404). Beispielsweise wurden Anfang der 1990er Jahre über eine Million Beschäftigte in den neuen Ländern vorzeitig verrentet. Zudem sind und waren die Beitragsleistungen in den neuen Ländern durch die geringere Produktivität und die höhere Arbeitslosigkeit weit unterdurchschnittlich, weshalb ein dauerhafter Finanz-Transfer von West nach Ost in der GRV stattfindet (vgl. Bourcarde 2011: 199).

3.3 Expansion des Sozialstaats

Die gesetzliche Rentenversicherung funktioniert nicht vollkommen nach dem Versicherungsprinzip – nach dem Geltungsanspruch der Teilhabeäquivalenz –, sonst würden die Einnahmen der Rentenversicherung ziemlich genau ihren Ausgaben entsprechen sowie die individuellen Beitragsleistungen den späteren Rentenleistungen tatsächlich gleichkommen. In dieser Hinsicht wäre das Rentensystem quasi autonom – Input und Output wären dann nahezu im Gleichgewicht, Passungslücken würden nur schwerlich entstehen. Tatsächlich jedoch entsprechen nur etwa zwei Drittel der Leistungen dem eigentlichen Versicherungsprinzip, das andere

Drittel wird durch Steuergelder finanziert. Somit entstehen Rentenanwartschaften nicht nur durch Beitragszahlungen, daneben werden Anwartschaften auch ohne entsprechende Beitragsleistungen für Versicherte gewährt. Beispielsweise werden Zeiten für Schwangerschaft und Kindererziehung oder Zeiten der Arbeitslosigkeit und der Ausbildung als Versicherungszeiten angerechnet. Ebenso erhalten Behinderte Erwerbsminderungsrenten und Witwen und Waisen stehen Hinterbliebenenrenten zu (vgl. Igl 2007: 48f.). Diese Anwartschaften beruhen auf dem Geltungsanspruch des Solidaritätsprinzips. Die dafür aufgewendeten Bundeszuschüsse sind gesetzlich verankert und sie begründen sich ausschließlich aus den nicht-beitragsgedeckten Leistungen, die der Gesetzgeber der Rentenversicherung sukzessive auferlegte (vgl. Rische 2007a: 169). Die Regierungen benutzten diese „versicherungsfremden" Leistungen als sozialpolitische Instrumente. Folglich bebürdeten sie die Rentenversicherung mit immer neuen Aufgaben, mit denen sozialer Ausgleich, arbeitsmarktpolitische Ziele und Klientelpolitik verfolgt wurden. Besonders zwischen 1970 und 1990 dehnte sich der Umfang dieser Leistungen stark aus. Diese neuen funktionalen Anforderungen (latent-instrumenteller Natur) wichen teilweise von der manifest-instrumentellen Funktion der Lebensstandardsicherung ab und traten damit in Konkurrenz zu ihr. Notwendigerweise verstärkte die Erweiterung der institutionellen Funktionen unter gleich bleibenden Ressourcenzufluss die Finanzierungslücken (vgl. Demuth 2007b: 460). Zusätzlich übernahm die GRV Sonderlasten im Zuge der Wiedervereinigung. Das Renten-Angleichungsgesetz vom Juni 1990 und das Rentenüberleitungsgesetz vom Juli 1991 übertrugen das gesamte materielle Rentenrecht auf die neuen Länder. Wem nach bundesdeutschem Rentenrecht weniger Rente als nach DDR-Recht zustand, erhielt die Differenz durch einen Auffüllbetrag ausgeglichen (vgl. Bourcarde 2011: 196). Insgesamt belasteten die nicht-beitragsgedeckten Leistungen das Rentensystem im zunehmenden Maße und verlangten nach einem immer größer werdenden steuerfinanzierten Zuschuss. Im Zeitverlauf stieg der Bundeszuschuss von zehn Prozent auf über ein Drittel der Gesamtausgaben der GRV (vgl. Bourcarde 2011: 205). Ab den 1990er Jahren begann der Gesetzgeber die Tatbestände für versicherungsfremde Leistungen schrittweise zurückzuführen, um den Bundeshaushalt zu entlasten – außer für Kindererziehung. Trotz rückläufiger versicherungsfremder Leistungen blieb das hohe Niveau des Bundeszuschusses vorerst erhalten, weil auf diese Weise der RV-Beitragssatz indirekt subventioniert wurde, damit dieser nicht über die 20-Prozent-Marke steigen würde (vgl. Sinn 2005: 401). Zu den wichtigsten Leistungs-Einschnitten der letzten Jahre gehörten: seit 2004 können Akademiker Ausbildungszeiten für Schule und Hochschule nicht mehr geltend machen; 2010 endeten die Zahlungen des RV-Beitrags der Bundesagentur für Arbeit für Arbeitslosengeld-II-Bezieher.

3.4 Die Folgen für die institutionelle Fitness der gesetzlichen Rentenversicherung

Um die beschriebenen Passungslücken zu schließen, sind Reformen notwendig. Im Zuge des Umweltwandels und der diesbezüglichen institutionellen Reaktionen verändern sich Strukturen, Funktionen und Wirkungszusammenhänge in der GRV. Die Rentenversicherung ist einem langsamen, aber stetigem Umweltwandel ausgesetzt, der Phasen der Be- und der Entschleunigung kennt. Die Anforderungen aus der ökologischen Nische determinieren, welche Funktionen und in welchen Rahmen die Institution diese erbringen muss, um überleben zu können. Der fortwährende Umweltwandel verursacht ein Nachlassen der Passfähigkeit zwischen Institution und ökologischer Nische (vgl. Patzelt 2007b: 342). Die Vielzahl der bisherigen Reformgesetze belegt den hohen Grad exogener Veränderungen. Dabei beeinträchtigt der beständige Umweltwandel den Ressourcen-Input: Arbeitslosigkeit und der Rückgang sozialversicherungspflichtiger Beschäftigung verringern das Beitragsaufkommen. Zugleich verändern sich die Verhältnisse auf der Output-Seite: längere Rentenbezugszeiten, vorzeitige Renteneintritte und wachsende versicherungsfremde Leistungen erhöhen die Ausgaben. Der auf die GRV einströmende Umweltwandel setzt ebenso die Wirksamkeit des staatlichen Vormundschaftsmechanismus herab. Seine Funktionstüchtigkeit hängt von dem Grad an sozialversicherungspflichtiger Beschäftigung ab, der durch die demografische Entwicklung und durch die Veränderungen am Arbeitsmarkt unter Druck gerät. Insgesamt kommt das Input-Output-Verhältnis immer weiter aus dem Gleichgewicht und hemmt die leitidee-gemäße Funktionserfüllung der Institution. Hypothetisch stehen der Institution vier Handlungsoptionen zur Verfügung, um auf den Umweltwandel und die entstehenden Passungslücken zu reagieren:

(1) Die Institution unterlässt restabilisierendes Verhalten und vergrößert damit die Passungsmängel. Die Krise verschärft sich und am Ende wird die Institution zusammenbrechen.
(2) Temporär könnte die Institution zusätzliche Ressourcen mobilisieren, um die Krise abzupuffern. Die Passungsmängel blieben aber bestehen, die Krise würde dadurch nicht gelöst.
(3) Weiterhin könnte die Institution versuchen, die Umwelt an sich selbst anzupassen, um die Passungslücken zu schließen. Die Umwelt würde dann bewusst so verändert, dass diese zur Institution passen würde, was hohe Ressourcen-Kosten nach sich zöge. Im Falle der GRV ist diese Option nur theoretischer Natur (vgl. Demuth 2007b: 462).
(4) Der einzige Weg für die Institution, um auf die Herausforderungen der ökologischen Nische angemessen zu reagieren, besteht in Reformen.

Nach dem Prinzip von Versuch und Irrtum muss die Institution Umgestaltungen und Erneuerungen wagen, um Passungsmängel abzustellen und um ihre Funktionserfüllung zu optimieren. Das (Wieder-)Anpassen an die eigene Nische und das Verbessern der leitidee-orientierten Funktionserfüllung bezeichnet man als institutionelles Lernen. Dabei zahlt sich institutionelles Lernen aus, da häufige und einigermaßen erfolgreiche Anpassungsleistungen die institutionelle Fitness nachhaltig steigern (vgl. Patzelt 2007b: 357). Ebenfalls muss der Wille, die Institution anzupassen, also zu lernen, beim epimemetischen System vorhanden sein. Das Verhalten der Eliten als „Hüter der Meme“ ist entscheidend. Sie leiten das Reformieren an, indem sie bestimmen, welche Meme handlungsleitend werden sollen und welche nicht. Ohne Reformbemühungen ist keinerlei institutionelles Lernen möglich (vgl. Demuth 2007b: 467, 470).

Bis Ende der 1970er Jahre befand sich die gesetzliche Rentenversicherung in einer stabilen finanziellen Lage. Seit den 1980er Jahren verstärkte sich die Arbeitslosigkeit und der demografische Wandel offenbarte sich. Die auftretenden Passungslücken wurden vornehmlich durch einen steigenden Bundeszuschuss abgefedert und es wurden nur wenige

Reformen eingeleitet. Die Wiedervereinigung vergrößerte die aus dem Umweltwandel resultierenden Passungslücken zusätzlich. Die Diskrepanz zwischen Input und Output verfestigte sich und entwickelte sich zu einer chronischen Unterfinanzierung. Ab den 1990er Jahren wurde die GRV zur reformpolitischen Dauerbaustelle; um die institutionelle Fitness wiederherzustellen, wurden seitdem über 15 Reformgesetze verabschiedet. Diese hektisch anmutenden und bisweilen an Aktionismus grenzenden Reformmaßnahmen der letzten beiden Jahrzehnte erklären sich nicht nur aus einem größeren Wandlungsdruck aus der Umwelt, sondern beruhen vor allem auf der Verschleppung von Reformen in früheren Zeiten. Erst die Vorausberechnungen Anfang der 1990er Jahre waren so hoffnungslos, dass sie den baldigen finanziellen Kollaps prophezeiten. Folglich überwand der notwendige Reformbedarf die Wahrnehmungsschwelle. Die Reformen zielten auf die Vergrößerung der Einnahmen und auf den Rückbau der Ausgaben. Dabei trat deutlich zu Tage, dass sich die Institution seit langem in einer sich selbst verstärkenden Krise befand, die mit wenigen Reformmaßnahmen nicht zu lösen war. Grundlegend führten die andauernden Passungslücken bei den Akteuren und Adressaten der Rentenversicherung zu einem Vertrauensverlust und zu Zweifeln über deren Zukunftsfähigkeit. Vor allem in der Wahrnehmung der Akteure des epimemetischen Systems verlor die GRV an Vertrauen. Auf diesem Wege erlangten alternative Altersvorsorge-Ideen memetische Attraktivität. Obwohl sich die GRV qua Pflichtversicherung in einer Monopolstellung befand, überzeugten Banken und Versicherungen als Anbieter kapitalgedeckter Altersvorsorge. Schließlich mündete dies im Jahr 2001 in der Einführung der kapitalgedeckten Riester-Rente.

4 Die Antwort auf die institutionelle Krise: Die drei Rentenreformen zwischen 2001 und 2007

Der Evolutorische Institutionalismus fasst Reformen als intendierte Mutationen der institutionellen Form auf; sie werden von nicht-intendierten Mutationen der institutionellen Form unterschieden. Über intendierte Mem-Mutationen verlief und verläuft die institutionelle Evolution der GRV. Die Initiatoren der Reformen reagieren entweder auf den Wandel in der Umwelt oder auf innerinstitutionellen Wandel, und erhoffen sich davon, die Institution daran anzupassen (vgl. Lempp 2007a: 388). Dabei entscheiden die inneren und äußeren Selektionsfaktoren über die Dauerhaftigkeit und Wirksamkeit der vorgenommenen Veränderungen. Die inneren Selektionsbedingungen gewährleisten, dass sich nur solche Memvarianten durchsetzen werden, die die Trägerstrukturen von memetischen und funktionellen Bürden nicht in ihrer Trageleistung beinträchtigen. Die äußeren Selektionsbedingungen messen die neu-begründeten Strukturen daran, inwieweit diese die Passung der Institution zu ihrer umgebenden Umwelt verbessern oder verringern bzw. ob diese bei der Erfüllung funktioneller Anforderungen hilfreich sind (vgl. Patzelt 2007b: 359). Die inneren und äußeren Selektionsfaktoren geben der Entwicklung der GRV eine bestimmte Richtung, da sie die Möglichkeiten nachhaltig bestandsfähiger Memvarianten eingrenzen. Grundsätzlich müssen memetisch attraktive Veränderungen nicht zu funktionell besser geeigneten Strukturen führen, denn neben den inneren Selektionsfaktoren müssen genauso die äußeren berücksichtigt werden, d.h.: Wenn ein neuer Memplex zur bisherigen institutionellen Struktur passt, dann sagt das noch nichts darüber aus, wie er sich auf die Passung zwischen Institution und Nische sowie auf die funktionellen Anforderungen auswirken wird.

4.1 Das Altersvermögensgesetz von 2001

Seit dem 1. Januar 2001 werden private und betriebliche Maßnahmen zur kapitalgedeckten Altersvorsorge staatlich gefördert. Die Zulagen sind abhängig von der Höhe des Sparbetrags, vom Familienstand und der Kinderzahl. Dabei werden die geforderten Mindesteigenbeiträge gering veranschlagt, um auch Personen mit wenig Einkommen für eine zusätzliche Altersvorsorge zu gewinnen. Die Zulagen beruhen auf Steuerbasis und werden somit von allen Bürgern finanziert (vgl. Bruno-Latocha/Grütz 2001: 419). Die Höhe der späteren Renten aus kapitalgedeckten Sicherungssystemen hängt von den eingezahlten Beträgen, von der Kapitalmarktentwicklung und von den risikospezifischen Prämien- und Leistungsgestaltungen der gewählten Produkte ab (vgl. Rische 2007a: 167). Der Staat zertifiziert die von privaten Banken und Versicherungen bereitgestellten Finanzprodukte, die garantieren müssen, dass mindestens die einbezahlten Beträge plus die erhaltenen Zulagen am Rentenbeginn zur Verfügung stehen (vgl. Rische 2007b: 408). Anstelle von staatlichen Zulagen kann alternativ die steuerliche Abzugsfähigkeit von Vorsorgebeiträgen gewählt werden (vgl. Rürup 2006: 79). Parallel weitet das Gesetz die betrieblichen Formen der Altersvorsorge aus, indem es einen Rechtsanspruch auf Entgeltumwandlung für alle Arbeitnehmer verankert. Die Entgeltumwandlung ermöglicht Arbeitnehmern, Teile ihres Gehalts für eine betriebliche Altersvorsorge aufzuwenden, ohne darauf Steuern und Sozialabgaben zu entrichten. Die Arbeitgeber müssen dafür die Voraussetzungen schaffen (vgl. Bruno-Latocha/Grütz 2001: 403). Neben dem Ausbau der privaten und betrieblichen Altersvorsorge enthält das Gesetz eine Maßnahme zur Abflachung der Rentensteigerungen, denn das Riester-Renten-Sparen wird obligatorisch auf den aktuellen Rentenwert in renten-mindernder Weise angerechnet (vgl. Bomsdorf 2001: 156). Ab dem Jahr 2002 beginnt der Altersvorsorgeanteil in jährlichen 0,5-Prozentpunkten-Schritten auf vier Prozent der Beitragsbemessungsgrenze bis zum Jahr 2009 zu steigen (sog. „Riester-Treppe“). Ab 2009 können dann bis zu vier Prozent des monatlichen Bruttoeinkommens für die zusätzliche private Altersvorsorge verwendet werden und im Gegenzug wird der private Altersvorsorgeanteil in Höhe von vier Prozent des Bruttoeinkommens in der Rentenanpassungsformel angerechnet[22]. Wegen diesem sog. „Riester-Faktor“ werden die Renten bis 2020 um rund fünf Prozent geringer ausfallen als ohne den Faktor. Dabei geschieht die Rentenminderung durch den Altersvorsorgeanteil unabhängig davon, ob die Riester-Rente tatsächlich in Anspruch genommen und in welcher Höhe sie genutzt wird (vgl. Bomsdorf 2001: 149). Der zweite Teil der Reform umfasst einen Rückbau der versicherungsfremden Leistungen, nämlich die Kürzung der Hinterbliebenenrenten von 60 auf 55 Prozent der Versichertenrente des Verstorbenen (vgl. Rürup 2006: 77). Zudem werden der Versand einer jährlichen Renteninformation sowie ein Auskunftsanspruch über private Altersvorsorge für alle Versicherten eingeführt (§ 109 SGB VI). Diese Maßnahmen sollen verhindern, dass einzelnen Bevölkerungsgruppen wichtige Informationen über die Notwendigkeit privater Altersvorsorge vorenthalten werden und dass deswegen nicht-sachgerechte Vorsorgeentscheidungen unterbleiben (vgl. Bruno-Latocha/ Grütz 2001: 424).

Das Altersvermögensgesetz[23] erweiterte das dynamische umlagefinanzierte Rentensystem um die Struktur der kapitalgedeckten Altersversorgung. Mit der Einführung einer zusätzlichen Kapitalfundierung – umgangssprachlich nach dem damaligen Bundesarbeitsminister Riester als „Riester-Rente“ bezeichnet – läutete der Gesetzgeber den Übergang zu einem mischfinanzierten Alterssicherungssystem ein. Dabei handelte es sich um die wichtigste Rentenreform seit 1957. Das bisherige Ziel der Lebensstandardsicherung wurde aufgegeben. Langfristig werden die sinkenden Rentenniveaus eher einer armutssicheren Basisversorgung entsprechen. Laut Gesetzgeber sollen die freiwillig angesparten Riester-Renten die fallenden Altersrenten mehr oder weniger ausgleichen helfen (vgl. Deutsche Rentenversicherung Bund 2010b: 8). Nach heftigem Widerstand der Gewerkschaften, welche die kapitalgedeckte Altersvorsorge

---

22 Tatsächlich wird die Riester-Treppe erst im Jahr 2012 vollendet sein – entgegen den ursprünglichen Absichten des Altersvermögensgesetzes. Aufgrund der Aussetzung des Riester-Faktors in den Jahren 2003, 2007 und 2008 wird der Altersvorsorgeanteil also erst 2012 die Höhe von vier Prozent des monatlichen Bruttoeinkommen realisieren (siehe § 255e SGB VI).

23 Vollständiger Name: „Gesetz zur Reform der gesetzlichen Rentenversicherung und zur Förderung eines kapitalgedeckten Altersvorsorgevermögens“.

als „Zwangsrente“ diskreditierten, verzichtete die rot-grüne Regierung darauf, diese für alle Arbeitnehmer verpflichtend zu machen. Anstatt eines Obligatoriums nutzte der Gesetzgeber finanzielle Anreize, um die gewünschte Verhaltensänderung bei den Versicherten – zusätzliches Alterssparen – zu erreichen. Dennoch soll die gesetzliche Rentenversicherung unter den drei Säulen der Alterssicherung die wichtigste für die persönliche Altersvorsorge bleiben (vgl. Dünn/Fasshauer 2001: 267; Rische 2007a: 165). Darüber hinaus enthielt das Altersvermögensgesetz eine Niveausicherungsklausel (§ 154 Absatz 3 SGB VI), die feste Beitrags- und Leistungsziele definiert, um der Institution der GRV langfristig finanzielle Stabilität zu geben: bis 2020 soll der Beitragssatz nicht über 20 Prozent und bis 2030 nicht über 22 Prozent steigen; als Mindestsicherungsziel legt der Gesetzgeber ein Bruttorentenniveau von 46 Prozent im Jahr 2020 und von 43 Prozent im Jahr 2030 fest. Damit leitete die rot-grüne Bundesregierung die Wende zur einnahmeorientierten Ausgabenpolitik ein, was Leistungskürzungen unumgänglich machte (vgl. Trampusch 2006: 64). Durch die Reform wird das Standardrentenniveau – das Verhältnis einer „Eckrente“ mit 45 Entgeltpunkten zu einem durchschnittlichen Nettoarbeitsentgelt – von 70 Prozent im Jahr 2001 auf 64 Prozent im Jahr 2030 absinken (vgl. Steffen 2011: 15). Jahrzehntelang galt das rentenpolitische Ziel, für einen Eckrentner eine Rentenhöhe von 70 Prozent des durchschnittlichen Nettoeinkommens sicherzustellen. Die Riester-Rentenreform war das offizielle Eingeständnis, dass dieses Versorgungsniveau allein durch die GRV nicht mehr erreichbar sein wird (vgl. Pilz 2004: 173).

Die Riester-Rentenreform implementiert einen zweiten institutionellen Mechanismus in die GRV. Der sog. „Aufgabenteilungsmechanismus“ wirkt parallel zum zentralen staatlichen Vormundschaftsmechanismus und hilft bei der Verwirklichung der institutionellen Leitidee. Die GRV hat unter den sich wandelnden Nischenbedingungen immer größere Probleme, ihrer Hauptfunktion – der Lebensstandardsicherung im Alter – gerecht zu werden und ihre Passung zu erhalten. Der Aufgabenteilungsmechanismus soll die Versicherten stärker bei der Erfüllung des Alterssicherungsziels in die Verantwortung nehmen. Er verschiebt Verantwortlichkeiten, indem er staatliches Engagement durch private Initiative substituiert. Der Mechanismus funktioniert entlang der Regel: Wer eigenverantwortlich private Altersvorsorge betreibt, erhält dafür einen finanziellen Zuschuss des Staates. Die Bürger entscheiden selbst, ob sie zusätzlich kapitalgedeckt vorsorgen wollen oder nicht – wobei das Verhältnis zwischen Mindesteigenbeitrag und staatlich gewährtem Zuschuss sehr günstig ist. Neben den finanziellen Anreizen übt der Staat Druck aus, indem der private Altersvorsorgeanteil obligatorisch in der Rentenanpassungsformel Berücksichtigung findet. Faktisch zwingt der Staat all jene Bürger zur privaten Vorsorge, die ein Absinken ihres Lebensstandards im Alter unbedingt verhindern wollen bzw. haben die Bürger selbst ein Interesse daran. Die Regierung versucht durch die Implementation des Mechanismus die Institution der Rentenversicherung wieder zu stabilisieren. In allgemeiner Verwendung eignet sich der Aufgabenteilungsmechanismus zur Neuaufteilung von Aufgaben und Zuständigkeiten. In diesem Fall ist das Ziel der Reorganisation von Verantwortlichkeiten die Verringerung der finanziell kostspieligen Staatstätigkeit durch die Ausweitung persönlichen Engagements. Dieser institutionelle Mechanismus geht auf das Konzept des aktivierenden Sozialstaats zurück: Zum einen sollen die nicht-staatlichen Aktivitäten von Bürgern, Unternehmen, Vereinen etc. gefördert werden, zum anderen sollen die Aufgaben zwischen Markt, Staat und Gesellschaft neu verteilt werden. Das Ziel ist ein moderner an den veränderten Bedingungen angepasster Sozialstaat, in dem die Bürger das Hemd des passiven Leitungsempfängers abstreifen und zu selbstständigen „Koproduzenten“ öffentlicher Leistungen werden (vgl. Pilz 2004: 72f.).

Dem Altersvermögensgesetz[24] stimmten letztlich nicht nur die rot-grüne Regierungskoalition zu, sondern auch CDU/CSU und FDP. Ebenso herrschte unter den Ökonomen und Rentenexperten – in ihren Funktionen als Berater, Sachverständige und Lobbyisten – ein breiter Konsens über die Richtigkeit der Reform. Weiterhin unterstützte die Branche der Fi-

24 Im Januar 2001 wurde das ursprüngliche Altersvermögensgesetz in das Altersvermögensgesetz (AVmG) und in das Altersvermögensergänzungsgesetz (AVmEG) aufgespalten. Das AVmG enthielt die Bestimmungen, die im Bundesrat zustimmungspflichtig waren (z.B. die Förderung der privaten und betrieblichen Altersvorsorge) und das AVmEG diejenigen, denen der Bundesrat nicht zu stimmen musste (z.B. der Riester-Faktor). Nachdem das AVmEG regulär noch im Januar beschlossen wurde, kam das AVmG erst nach Anrufung des Vermittlungsausschusses im Mai 2001 zustande (vgl. Dünn/Fasshauer 2001: 273).

nanzdienstleistungen das Reformvorhaben (vgl. Schmähl 2011: 9). Der Übergang zum Mem der einnahmeorientierten Ausgabenpolitik forciert einerseits einen Leitideenwandel innerhalb der Institution: das bisherige Versprechen der Lebensstandardsicherung im Alter wird aufgeweicht und in ein Versprechen der armutssicheren Basisversorgung überführt. Des Weiteren führt die Riester-Rentenreform die Beitragssatzstabilität als neue und zweite Leitidee ein. Zukünftig müssen sich die Rentenleistungen an festgesetzten Beitrags-Obergrenzen orientieren; damit wird das Beitragssatzziel dem Leistungsziel nebengeordnet. Daraus resultiert ein Zielkonflikt, denn das langfristige Beitragssatzziel von 22 Prozent im Jahr 2030 kann nur durch die Absenkung des Standardrentenniveaus erkauft werden (vgl. Reimann 2004: 320). Darüber hinaus verschieben sich die Aufwendungen für die Altersvorsorge zwischen Arbeitgebern und Arbeitnehmern zu Lasten letzterer. Nach wie vor bezahlen beide die Hälfte des RV-Beitragssatzes, doch an den Kosten für die private und betriebliche Alterssicherung müssen sich die Arbeitgeber nicht beteiligen, denn allein die Beschäftigten tragen diese. Damit bricht die Reform das alte Mem der paritätischen Finanzierung auf, um die Kosten für Arbeitgeber international wettbewerbsfähig zu halten (vgl. Trampusch 2006: 61; Schmähl 2011: 11f.). Auf der anderen Seite revitalisiert die Riester-Reform das alte Mem der „Drei-Säulen-Alterssicherung", das im Wilhelminischen Kaiserreich begründet wurde. Indem der Staat der privaten und betrieblichen Initiative wieder mehr Raum schenkt, wird die künstliche Verengung der Altersvorsorge auf die staatliche Säule wieder zurückgenommen (vgl. Hinrichs 2004: 276f.). Das Altersvermögensgesetz etabliert einen Wohlfahrtssektor zwischen Staat und Markt, der Marktmechanismen und öffentliche Steuerung in sich vereint: Unter Aufsicht des Staates bieten Banken und Versicherungen kapitalgedeckte Altersvorsorgeprodukte an und konkurrieren um Kunden, die für private Vorsorgeanstrengungen staatliche Zuschüsse erhalten (vgl. Leibfried et al. 2008: 12).

4.2 Das RV-Nachhaltigkeitsgesetz von 2004

Im Vorfeld des RV-Nachhaltigkeitsgesetzes verabschiedete der Gesetzgeber im Jahr 2003 kurzfristig wirkende Maßnahmen zur Beitragssatzstabilisierung: die Aussetzung der Rentenanpassung für das Jahr 2004; die Absenkung der Schwankungsreserve auf 0,2 Monatsausgaben[25]; die Auszahlung der Renten erst am Monatsende für Neurentner; die Aufbringung des Beitrages zur Pflegeversicherung allein durch die Rentenempfänger (vgl. Reimann 2004: 318). Im Mittelpunkt des im Jahr 2004 beschlossenen RV-Nachhaltigkeitsgesetzes[26] stand die Einführung des sog. „Nachhaltigkeitsfaktor“ (§ 68 SGB VI), welcher dem im Jahr 1997 von Bundesarbeitsminister Blüm eingeführten demografischen Faktor ähnelte (vgl. Bomsdorf 2007: 25). Der Nachhaltigkeitsfaktor berechnet sich wie folgt: „Die Anzahl der Äquivalenz-Beitragszahler wird ermittelt, indem die Summe der Beiträge aller versicherungspflichtig Beschäftigten, der geringfügig Beschäftigten und der Bezieher von Arbeitslosengeld durch den auf das Durchschnittsentgelt der Versicherten entfallenden Beitrag zur allgemeinen Rentenversicherung dividiert wird. Die Ermittlung der Anzahl der Äquivalenz-Rentner erfolgt durch Division des Gesamtrentenvolumens durch eine Regelaltersrente mit 45 Entgeltpunkten. Der Rentnerquotient spiegelt das Verhältnis von Rentenempfängern zu Beitragszahlern wider“ (Bundesministerium für Arbeit und Soziales 2010: 58f.). Die Veränderung des Rentnerquozienten beeinflusst den aktuellen Rentenwert: wenn sich das Verhältnis zu Lasten der Beitragszahler verschiebt, sinkt der aktuelle Rentenwert; entwickelt sich das Verhältnis zu Gunsten der Beitragszahler, steigt der aktuelle Rentenwert. Die Implementation des Nachhaltigkeitsfaktors war die späte Antwort auf den demografischen Wandel und die Arbeitsmarktentwicklung. Er misst sowohl die Höhe des Rentenbestandes als auch die Zahl sozialversicherungspflichtiger Beschäftigung. Dabei wird die Wirkung des Nachhaltigkeitsfaktors durch einen Parameter α minimiert. Derzeit beträgt dieser Gewichtungsfaktor nur $\alpha = 0{,}25$, d.h. zu einem Viertel werden die Rentenempfänger an den Kosten aus der Verschlechterung des Rentner-Versicherten-Verhältnisses beteiligt. Der Parameter α ist zielorientiert festgelegt, sodass sich für 2020 ein Beitragsatz von 20 und für 2030 von

25 Die Träger der GRV halten eine Schwankungsreserve, die sich aus Betriebsmitteln, Rücklagen und Überschüssen bildet. Mit ihr sollen Defizite und Einnahmeschwankungen ausgeglichen werden (§§ 216, 217 SGB VI).

26 Vollständiger Name: „Gesetz zur Sicherung der nachhaltigen Finanzierungsgrundlagen der gesetzlichen Rentenversicherung“.

22 Prozent ergibt. Ergo könnte dieser höher gewichtet werden, falls ein Überschreiten der Beitragssatzziele drohen würde (vgl. Hain et al. 2004: 339, 346). Des Weiteren enthielt das Gesetz eine „partielle Schutzklausel“, die sicherstellen soll, dass der Nachhaltigkeitsfaktor zu keiner Minderung des aktuellen Rentenwerts gegenüber dem Vorjahr führen kann. Sobald dieser den aktuellen Rentenwert vermindert oder den wegen sinkender Arbeitsentgelte fallenden aktuellen Rentenwert zusätzlich verringert, würde der Nachhaltigkeitsfaktor ausgesetzt – das Gleiche gilt für den Riester-Faktor (vgl. Steffen 2011: 20; Rürup 2006: 92). Der Nachhaltigkeitsfaktor soll lediglich Rentensteigerungen dämpfen und nicht etwa bestehende Rentenwerte kürzen. Die durch die partielle Schutzklausel verhinderten Negativanpassungen sollen durch die Verrechnung mit zukünftigen Rentenerhöhungen nachgeholt werden. Darüber hinaus enthielt das RV-Nachhaltigkeitsgesetz folgende Regelungen: Erstens senkte der Gesetzgeber die nicht-beitragsgedeckten Leistungen für Zeiten der Schul- und Hochschulausbildung. Seit 2009 bekommen Neurentner nur noch drei Jahre der schulischen und beruflichen Ausbildung als Versicherungszeiten angerechnet (§ 58 SGB VI). Demzufolge werden die Zeiten der Hochschulausbildung nicht mehr rentensteigernd berücksichtigt, sondern zählen nur noch als Wartezeiten[27]. Zweitens wurde die Anhebung der Schwankungsreserve auf 1,5 Monatsausgaben beschlossen, um Einnahmeausfälle aufgrund plötzlicher konjunktureller Einbrüche auffangen zu können, und sie wurde in „Nachhaltigskeitsrücklage“ umbenannt. Drittens erhöhte das Gesetz die Altersgrenzen für die frühestmögliche Inanspruchnahme der Altersrente wegen Arbeitslosigkeit oder nach Altersteilzeit stufenweise ab 2006 von 60 auf 63 Jahre (vgl. Reimann 2004: 324f., 327).

Die Maßnahmen des RV-Nachhaltigkeitsgesetzes zielen auf die Sicherung der langfristigen Finanzierungsgrundlagen der Rentenversicherung und stützen das Mem der einnahmeorientierten Ausgabenpolitik. Unter Voraussetzung stabiler Beitragssätze sollen die Renten bestmöglich

27 Um Leistungen aus der Rentenversicherung zu beanspruchen, müssen Versicherte für eine bestimmte Zeit der Versicherung angehört haben; die Wartezeit ist damit eine Mindestversicherungszeit. Die allgemeine Wartezeit beträgt fünf Jahre. Als Wartezeiten zählen u.a. Beitrags- und Ersatzzeiten etc. (vgl. Deutsche Rentenversicherung Bund 2010a: 118).

gesichert werden. Der von der Riester-Rentenreform ausgehende Leitideenwandel wird verfestigt und ebenso die angestrebte Gleichrangigkeit von Beitragssatzstabilität und armutssicherer Basisversorgung (vgl. Hain et al. 2004: 347). Das RV-Nachhaltigkeitsgesetz knüpft unmittelbar an die Niveausicherungsklausel (§ 154 Absatz 3 SGB VI) der Riester-Rentenreform von 2001 an: bis 2020 soll der Beitragssatz nicht über 20 Prozent steigen und bis 2030 soll der Beitragssatzanstieg auf 22 Prozent begrenzt werden; das Standardrentenniveau soll 2020 nicht unter 46 und 2030 nicht unter 43 Prozent fallen (vgl. Deutsche Rentenversicherung Bund 2010b: 11; Reimann 2004: 319f.). Allerdings veränderte der Gesetzgeber das Standardrentenniveau dahingehend, dass die Werte fortan als „Nettorentenniveau vor Steuern" ausgewiesen werden[28]. Das Nettorentenniveau vor Steuern ergibt sich aus dem Verhältnis einer Nettostandardrente – eine Eckrente gemindert um die Sozialabgaben – zu einem durchschnittlichen Nettoentgelt eines Versicherten – ein Entgelt gemindert um die Sozialabgaben –, wobei steuerliche Belastungen gänzlich unberücksichtigt bleiben (vgl. Hain et al. 2004: 342, 349). Außerdem besagt die Niveausicherungsklausel, dass die Bundesregierung Maßnahmen vorzuschlagen hat, wenn die definierten Beitragssatz- und Leistungsziele gefährdet sind, d.h. wenn der Beitragssatz einen Wert von 20 Prozent oder bis zum Jahr 2030 einen Wert von 22 Prozent überschreitet oder wenn das Standardrentenniveau bis zum Jahr 2020 einen Wert von 46 Prozent oder bis zum Jahr 2030 einen Wert von 43 Prozent unterschreitet. Zur Beurteilung dient ein 15-jähriger Vorausberechnungszeitraum, der sich zum einen auf die aktuellen Daten der Volkswirtschaftlichen Gesamtrechnungen und zum anderen auf die koordinierte Bevölkerungsvorausberechnung des Statistischen Bundesamtes stützt (vgl. Bundesministerium für Arbeit und Soziales 2010: 11f.). Da sich die im Zuge der Ries-

---

28 Die Ursache hierfür liegt in dem im Jahr 2004 beschlossenen Alterseinkünftegesetz begründet, welches das Instrument der nachgelagerten Besteuerung eingeführte. Danach werden künftig alle Aufwendungen für die Altersvorsorge von der Einkommensteuer freigestellt – beginnend ab 2004 mit 50 Prozent und schrittweise steigend bis 2040 auf 100 Prozent. Im Gegenzug werden alle Alterseinkommen ab 2005 bis 2040 schrittweise steuerpflichtig werden. Somit werden für die künftigen Rentenjahrgänge unterschiedliche Steuersätze gelten, weshalb von einer einheitlichen Besteuerung nicht mehr ausgegangen werden kann.

ter-Reform getroffenen Annahmen zur Bevölkerungs- und Arbeitsmarktentwicklung als zu optimistisch herausstellten, wurde im Jahr 2004 eine neuerliche Reform notwendig, sonst wären die 2001 formulierten Beitrags- und Leistungsziele nicht mehr haltbar gewesen.

Zur Vorbereitung der gesetzgeberischen Reformmaßnahmen setzte die rot-grüne Bundesregierung 2002 die „Rürup-Kommission“[29] ein. Deren Abschlussbericht im Jahr 2003 bildete die Grundlage für die künftigen Reformanstrengungen. Parallel dazu berief die Union die Kommission „Soziale Sicherheit“ unter Führung von Altbundespräsident Roman Herzog. Sowohl die Rürup- als auch die Herzog-Kommission empfahlen die Einführung eines demografischen Faktors. Dennoch wurde der Nachhaltigkeitsfaktor des Jahres 2004 nicht im Konsens zwischen Regierung und Opposition verabschiedet, obwohl sich die Reformkonzepte weitestgehend deckten. In Hinblick auf Akzeptanz und Geltung der Reformmaßnahmen in der GRV wäre ein Einvernehmen zwischen Regierung und Opposition – ähnlich wie bei der Riester-Rente – von großer Bedeutung gewesen. Außerdem hätte dieser Konsens das Misstrauen der Bürger gegenüber den renten-rechtlichen Änderungen der letzten Jahre abgemildert (vgl. Reimann 2004: 319). Der Nachhaltigkeitsfaktor ist das Ergebnis einer veränderten deutschen Alterssicherungspolitik, die unter Rot-Grün ab 1998 etabliert wurde – genauso wie die Ergänzung der Umlagefinanzierung um eine kapitalmarktabhängige Alterssicherung. Die Ergänzung der Rentenanpassungsformel um den Riester-Faktor und den Nachhaltigkeitsfaktor wird die Renten zunehmend von der Einkommensentwicklung abkoppeln. Mithilfe der Rentenanpassungsformel lässt sich die Verteilung der Belastungen aus dem demografischen Wandel zwischen Rentnern und Versicherten gerechter steuern. Dabei entlastet der Nachhaltigkeitsfaktor die Versicherten und belastet die Rentenempfänger. Insgesamt erfasst er sowohl die demografische als auch die konjunkturelle Entwicklung, womit alle maßgeblichen Umweltveränderungen abgedeckt sind,

---

29 Die „Kommission für die Nachhaltigkeit in der Finanzierung der sozialen Sicherungssysteme“ wurde vom Bundesministerium für Gesundheit und Soziale Sicherung einberufen. Diese Experten-Kommission – unter Leitung des Renten-Ökonomen Bert Rürup – erarbeitete zwischen 2002 und 2003 Maßnahmen zur Stabilisierung und Erhaltung der deutschen Sozialversicherungssysteme, insbesondere für die Renten-, Pflege- und Krankenversicherung (vgl. Sinn 2003: 406).

welche die finanzielle Stabilität der GRV beeinflussen (vgl. Reimann 2004: 321).

4.3 Das RV-Altersgrenzenanpassungsgesetz von 2007

Das RV-Altersgrenzenanpassungsgesetz[30] hebt die Altersgrenze für die Regelaltersrente – bisher das 65. Lebensjahr – stufenweise beginnend ab 2012 bis zum Jahr 2029 auf das 67. Lebensjahr an (§ 35 SGB VI). Für die Geburtsjahrgänge ab 1947 erfolgt die Anhebung in Schritten von einem Monat pro Geburtsjahrgang; für die Jahrgänge ab 1959 geschieht die Anhebung in Schritten von zwei Monaten pro Geburtsjahrgang; für alle Geburtsjahrgänge ab 1963 zählt dann die neue Regelaltersgrenze (vgl. Steffen 2011: 23). Da sich die sog. „vorgezogenen Altersrenten“ an der Regelaltersrente orientieren, werden diese ebenfalls stufenweise angehoben: Die Altersgrenze für langjährig Versicherte, erreicht nach 35 Jahren Wartezeit, steigt vom 65. auf das 67. Lebensjahr – bei vorzeitigem Rentenbeginn kommt es zu Abschlägen beim Zugangsfaktor von 0,3 Prozent pro Monat. Die Altersgrenze für Schwerbehinderte erhöht sich vom 63. auf das 65. Lebensjahr. Weiterhin wird die Altersgrenze für den Bezug kleiner und großer Witwenrenten vom 45. auf das 47. Lebensjahr erhöht (vgl. Reimann 2007: 184ff.). Aus Vertrauensschutzgründen erfolgen die Anhebungen der vorgezogenen Altersrenten schrittweise in einer Übergangsphase von fünf Jahren (2008-2012), damit die Arbeitnehmer und -geber ausreichend Zeit bekommen, sich auf die Änderungen einzustellen. Die Umsetzung der Rente mit 67 kann nur sinnvoll geschehen, wenn möglichst viele ältere Menschen in sozialversicherungspflichtigen Beschäftigungsverhältnissen arbeiten. Um den Beschäftigungsgrad zu ermitteln und zu beurteilen, wird als flankierende Maßnahme eine Bestandsprüfungsklausel eingeführt (§ 154 Absatz 4 SGB VI). Ab dem Jahr 2010 muss die Bundesregierung dem Bundestag und Bundesrat alle vier Jahre einen Bericht vorlegen, der über die Beschäftigungssituation und die soziale Lage älterer Arbeitnehmer Auskunft gibt. Anhand des Berichts

30 Vollständiger Name: „Gesetz zur Anpassung der Regelaltersgrenze an die demografische Entwicklung und zur Stärkung der Finanzierungsgrundlagen der gesetzlichen Rentenversicherung“.

muss dann die Regierung entscheiden, inwieweit die Rente mit 67 sozialpolitisch vertretbar bleibt (vgl. Deutsche Rentenversicherung Bund 2010b: 15; Rische 2006a: 673). Darüber hinaus erweitert das RV-Altersgrenzenanpassungsgesetz die – mit dem RV-Nachhaltigkeitsgesetz eingeführte – partielle Schutzklausel zu einer absoluten (§ 68a SGB VI). Bislang galten Rentenwertminderungen nur aufgrund von Riester- und Nachhaltigkeitsfaktor als ausgeschlossen, nun soll der aktuelle Rentenwert auch bei fallenden Löhnen und Gehältern nicht mehr sinken können. Somit dient die absolute Schutzklausel quasi als Rentengarantie, die das Vertrauen in die GRV stärken und den eigentumsrechtlichen Charakter der Rentenanwartschaften unterstreichen soll. Dabei werden die durch die Klausel unterbliebenen Minderungen ab 2011 nachgeholt, indem positive Rentenanpassungen solange halbiert werden, bis sie die Minderungen ausgleichen. Anders gewendet: Die infolge geringer Lohnentwicklung unterbliebenen Kürzungen des aktuellen Rentenwerts werden in Zeiten größerer Lohndynamik nachgeholt. In ihrer ursprünglichen Ausgestaltung kam die Schutzklausel in den Jahren 2005 und 2006 zum Tragen und in ihrer erweiterten Form im Jahr 2010. Der Ausgleichsbedarf beträgt infolgedessen am 1. Juli 2010 in den alten Ländern 3,81 Prozent und in den neuen Ländern 1,83 Prozent; er soll zwischen den Jahren 2011 und 2014 komplett abgebaut werden (vgl. Bundesministerium für Arbeit und Soziales 2010: 59f.).

Die Regierung verabschiedete das RV-Nachhaltigkeitsgesetz im Jahr 2004, um die in der Niveausicherungsklausel (§ 154 Absatz 3 SGB VI) definierten Beitragssatzziele von 2001 nicht zu verletzen. Aus demselben Grund wurde das RV-Altersgrenzenanpassungsgesetz im Jahr 2007 beschlossen. Ohne die Reform des Rentenzugangsalters wäre der Beitragssatz nach geltendem Rentenrecht und gemäß der 11. koordinierten Bevölkerungsvorausberechnung des Statistischen Bundesamts bis zum Jahr 2030 auf über 23 Prozent gestiegen (vgl. Reimann 2007: 182). Weiterhin gingen die Prognosen bis zum Jahr 2050 von einer Steigerung der Rentenlaufzeiten bei Männern im Durchschnitt um 5,3 Jahre und bei Frauen um 6,0 Jahre aus. Demgemäß betrachtete die schwarz-rote Koalition die Rente mit 67 als notwendige Anpassungsmaßnahme, um die gesetzlich fixierten Zielgrößen (Leitideen) – der Beitragssatzstabilität (bis 2030: Maximum 22 Prozent) und der armutssicheren Basisversorgung (bis 2030: Minimum 43 Prozent) – zu gewährleisten (vgl. Rische 2006a: 670).

Neben ihrer rentenpolitischen Bedeutsamkeit sollte die Reform die Erwerbstätigenquote älterer Arbeitnehmer erhöhen, um den zukünftig drohenden Arbeitskräftemangel abzufedern, damit in einer alternden Gesellschaft Wirtschaftswachstum möglich bleibt und der Wohlstand gesichert wird (vgl. Bundesministerium für Arbeit und Soziales 2010: 74).

Die Anhebung der Regelaltersgrenze wurde bereits im Koalitionsvertrag 2005 zwischen CDU/CSU und SPD vereinbart. Der damalige Bundesarbeitsminister Müntefering verwirklichte die Reform vor allem gegen die Widerstände der Gewerkschaften (vgl. Reimann 2007: 183). Die Gewerkschaften lehnten die Erhöhung des gesetzlichen Rentenalters vehement ab, da aus ihrer Sicht die Arbeitsmarktlage für Ältere nach wie vor zu ungünstig wäre. Die Verlängerung der Lebensarbeitszeit träfe rentennahe Jahrgänge, die ohnehin kaum Arbeit fänden. Die Reform verschlechtere zusätzlich deren soziale Lage und stelle eine Belastung für deren Versicherungskonten dar (vgl. Reimann 2007: 189). Dagegen sprach sich die Rürup-Kommission bereits in ihrem Abschlussbericht von 2003 für die Erhöhung der Regelaltersgrenze aus. Doch die damalige rotgrüne Bundesregierung entschloss sich gegen diese unpopuläre Maßnahme, dafür akzeptierte sie den Vorschlag zur Einführung eines demografischen Faktors (vgl. Reimann 2004: 330). Erst in der schwarz-roten Regierungskoalition unter Bundeskanzlerin Merkel setzte sich die Erkenntnis durch, dass sich die längeren Rentenbezugszeiten wegen steigender Lebenserwartung zwangsläufig in einer längeren Lebensarbeitszeit niederschlagen müssten. Hebe man das Renteneintrittsalter nicht an, müssten stattdessen die Renten drastisch gekürzt oder die Beiträge kräftig erhöht werden. Folglich beschloss man im März 2007 die Rente mit 67. Die beiden Kernelemente – die absolute Schutzklausel ab 2011 und die Anhebung der Regelaltersgrenze ab 2012 – werden ihre beitragssatzdämpfende Wirkung erst mittelfristig entfalten.

5 Die Analyse der fitness-steigernden Wirkungen der drei Rentenreformen auf die gesetzliche Rentenversicherung

Der Evolutorische Institutionalismus verbindet die institutionelle Analyse mit der Theorie des institutionellen Wandels, weshalb sich das Konzept zur Evaluation institutioneller Reformen eignet. Im Mittelpunkt steht die Fitness der Institution, also deren Fähigkeit, die eigene(n) Leitidee(n), Geltungsansprüche und zentrale Memplexe über einen längeren Zeitraum hinweg verlässlich zu tradieren und sich so langfristig zu reproduzieren (vgl. Lempp 2007b: 600). Lempp operationalisiert den Fitnessbegriff mittels mehrerer dem evolutionstheoretischen Modell entsprechenden Kategorien, welche die Evaluation von institutionellen Reformen anleiten können (2007b). Dabei soll herausgefunden werden, inwieweit die Reformen die Fitness der GRV, also ihre Überlebens- und Reproduktionschancen, erhöhen oder nicht. Grundsätzlich sind Institutionen fit, wenn sie an ihre Nische angepasst sind und wenn sie auf Wandel anpassungsfähig reagieren können. Somit werden erstens die Wirkungen der Reformen hinsichtlich einer möglichen Verbesserung der Angepasstheit der GRV an ihre Nische untersucht – dazu dienen die analytischen Kategorien der Effizienz, der Akzeptanz und der Retentionsfähigkeit. Zweitens werden die Effekte der Reformen auf die potentielle Anpassungsfähigkeit der Institution betrachtet – dazu dienen die beiden Kategorien der Mutabilität und Responsivität (vgl. Lempp 2007b: 615f.).

Das erste Kriterium, die Effizienz, beleuchtet den Ressourcen-Einsatz bzw. das Verhältnis von Input zu Output. Die institutionelle Fitness ist umso höher, je besser die Leistungen bei gleichbleibendem Ressourcen-Einsatz sind bzw. je geringer der Ressourcen-Aufwand bei gewahrtem Leistungsniveau ist. Bestehende Redundanzen innerhalb der institutionellen Architektur oder das Erbringen von Leistungen, die nicht nachgefragt werden, setzen die Effizienz der Institution herab (vgl.

Lempp 2007a: 401f.). Weiterhin hängt das Überleben und Funktionieren der Institution von der Akzeptanz der Adressaten und Akteure in ihrer Umwelt ab, d.h. die GRV muss von Versicherten und Rentnern, von Bundestag und Bundesregierung, von Arbeitgebern und Gewerkschaften etc. als nützlich und sinnvoll wahrgenommen werden, um im Bestand nicht gefährdet zu werden. Die Institution erfährt in ihrer Nische Akzeptanz, insofern sie den eigenen Geltungsansprüchen und Ordnungsvorstellungen gerecht wird und die Funktionen gemäß ihrer Leitidee erfüllt. Wird sie den Geltungsansprüchen und den funktionellen Anforderungen nicht vollkommen gerecht, wird sie an Akzeptanz verlieren. Infolgedessen würden sich der Ressourcenzufluss verringern und konkurrierende institutionelle Strukturen an Attraktivität gewinnen. Allerdings: Wenn ineffiziente Strukturen gesellschaftlich akzeptiert sind, dann können sie den überhöhten Ressourcen-Input behalten. Demzufolge können Institution lediglich nützlich erscheinen ohne es tatsächlich zu sein (vgl. Lempp 2007a: 402f.). Das dritte Evaluations-Kriterium stellt die Retentionsfähigkeit dar. Sie ist ein Maß für die Konstanz der institutionellen Form und umfasst all jene Prozesse, die Meme einer institutionellen Ordnung tradieren, kontrollieren und sie gegen alternative Geltungsansprüche verteidigen (vgl. Demuth 2007b: 463). In dieser Hinsicht wird unter der Eigenschaft der Retention die stabile Aufrechterhaltung von kulturellen Mustern über mehrere Generationen hinweg verstanden (vgl. Lempp 2007b: 623). Ein hoher Retentionsgrad ermöglicht die sichere Reproduktion der institutionellen Strukturen, indes erschwert er Reformen, weil er nur geringe Chancen für Veränderungen belässt. Die strukturelle Trägheit von Institutionen – verursacht durch umfassende Bebürdungsstrukturen – behindert die Veränderung der institutionellen Architektur. Der Retentionsgrad darf weder zu hoch sein, sonst ginge der notwendige Variationsmechanismus für Umweltanpassungen verloren, noch zu niedrig, sonst wäre eine bestand-erhaltende Reproduktion der institutionellen Meme nicht möglich (vgl. Lempp 2007a: 392). Die ersten drei Kategorien analysieren die Wirkung der Reformen hinsichtlich der Angepasstheit der Institution an ihre ökologische Nische. Die beiden Kategorien der Mutabilität und Responsivität untersuchen, inwieweit die Reformanstrengungen die Fähigkeit der Institution zur Anpassung an Umweltveränderungen verbessern. Dabei misst die Kategorie der Mutabilität den Grad an Flexibilität und Innovationsfreundlichkeit: Wie groß ist der Spielraum, die institutionelle Form zu verändern? (vgl. Lempp 2007b: 624f.). Institutionen sind anpassungsfähig, wenn sie über ausreichend flexible Strukturen und Leitideen verfügen, um auf Umweltänderungen zu reagieren. Folglich wird ein geringer Grad an Mutabilität Passungsmängel befördern. Allerdings bedroht eine zu große Mutabilität die Eigenschaft der Retentionsfähigkeit, weil sie der Fixierung und Tradierung der institutionellen Meme entgegensteht (vgl. Lempp 2007a: 398). Das fünfte Evaluations-Kriterium, die Responsivität, bezeichnet die Fähigkeit einer Institution, Informationen in nicht all zu verzerrter Weise aus der Umwelt aufzunehmen: Gelingt es, die Umweltkomplexität erfolgreich zu reduzieren und adäquat zu stilisieren? Dafür verfügt die Institution über Wahrnehmungsstrukturen, die für das Überleben und die Funktionserfüllung relevante Informationen aus der Nische aufnehmen können. Die Qualität der geronnenen Informationen über die umgebende Umwelt entscheidet maßgeblich über die institutionelle Fitness der Institution, weil sie ihr Handeln danach systematisch ausrichtet (vgl. Lempp 2007a: 386f.; 2007b: 625f.).

Wie geeignet erweisen sich die drei Reformprojekte, um die institutionelle Fitness der gesetzlichen Rentenversicherung zu verbessern? Werden die bestehenden Passungslücken zwischen der GRV und ihrer relevanten Umwelt verringert – und wenn ja welche? Was zeitigen die Reformen an unintendierten Folgen und negativen Konsequenzen für die Institution? Der Erfolg bzw. Misserfolg der drei Reformen bemisst sich zum einen daran, in welchem Maße die Institution ihren Leitideen der armutssicheren Basisversorgung und der Beitragssatzstabilität nachkommen kann, zum anderen daran, inwieweit die institutionelle Architektur des dynamischen umlagefinanzierten Rentensystem mit seinen Geltungsansprüchen und zentralen Memplexen erhalten bleibt. Im Folgenden werden die drei Reformen entlang der fünf Evaluationskriterien von Lempp untersucht.

5.1 Das Altersvermögensgesetz von 2011

Durch das Altersvermögensgesetz gewinnt die GRV an Effizienz. Der eingeführte Riester-Faktor senkt die Rentenzahlungen und entlastet so mittelfristig das Rentensystem. Ebenfalls verringert sich durch die Kürzung der Hinterbliebenenrenten die Ausgabenlast – dauerhaft überhöhte nicht-beitragsgedeckte Leistungen würden die Institution weiter an den Rand des Abgrunds führen. Allmählich sollen die Output-Leistungen wieder an den tatsächlichen Ressourcen-Input der Institution angeglichen werden. Nur ein annäherndes Gleichgewicht zwischen Input und Output garantiert die Funktionalität und Effizienz der gesetzlichen Rentenversicherung.

Die Riester-Rentenreform von 2001 war die notwendige und richtige Reaktion auf die seit Jahren bestehenden Passungsprobleme der GRV. Die häufigen Beitragssatzschwankungen, die vielfachen Leistungsänderungen und die anhaltenden Debatten über die „Rentenkrise“ ab Mitte der 1990er Jahre schadeten der Akzeptanz der GRV substantiell. Dabei bestätigte das Altersvermögensgesetz eher die Zweifel am bestehenden Rentensystem als diese zu zerstreuen. Die Reform war ein Eingeständnis dafür, dass die Leitidee der Lebensstandardsicherung nicht wie im bisherigen Maße aufrechterhalten werden kann. Das allmähliche Absinken der Lebensstandardsicherung zu einer Basisversorgung zehrt an der großen Akzeptanz bei Versicherten und Rentnern. Das sinkende Rentenniveau und die stärkere Belastung der Versicherten werden den schleichenden Akzeptanzverlust weiter befördern. Jedoch wird das Altersvermögensgesetz mittelfristig helfen, die Divergenz zwischen Leistungserwartungen und tatsächlichen Rentenleistungen abzubauen. Das Leistungsvermögen der GRV verlieh ihr über Jahrzehnte große Akzeptanz, weckte aber im Gegenzug hohe Erwartungen, die durch den eingetretenen Umweltwandel nicht mehr erfüllbar sind. Langfristig wird die Legitimität der Rentenversicherung wieder erstarken, wenn sie hält, was sie verspricht: Die Riester-Rentenreform war der Auftakt, um die Erwartungen der Versicherten und Rentner an die veränderten Umweltbedingungen anzupassen. Dabei müssen alle Generationen einen Beitrag leisten: sowohl Rentner durch den Riester-Faktor wie Versicherte durch das Riester-Sparen oder durch den Rückbau versicherungsfremder Leistungen; einzig die Arbeitgeber werden entlastet, was ihr Vertrauen in nach oben strikt-begrenzte RV-Beitragssätze stärkt. Gleichfalls steigt die Rentenversicherung durch die Öffnung für die Kapitalfundierung im Ansehen bei Banken und Versicherungen, was jedoch wenig überraschend ist.

Generell verfügt die Institution der gesetzlichen Rentenversicherung über einen hohen Retentionsgrad. Ihre Leitidee, Geltungsansprüche, zentralen Memplexe und Funktionen sind gesetzlich verankert und werden im VI. Sozialgesetzbuch umfassend und detailiert geregelt. Diese gesetzliche Fixierung erleichtert die Tradierung und Reproduktion der Institution. Das Altersvermögensgesetz erweitert die Institution um die Leitidee der Beitragssatzstabilität und ergänzt sie um die neuen Strukturen der Riester-Förderung und des Riester-Faktors. Die institutionelle Architektur wird komplexer und undurchsichtiger, die bisherige Konstanz der institutionellen Form wird aufgeweicht. Infolgedessen fällt es den Akteuren und Adressaten der GRV zunehmend schwerer, die Institution zu überblicken und zu durchschauen, wodurch sie in deren Wahrnehmung an Plausibilität und Bestandskraft verliert.

Zweifellos vergrößert das Altersvermögensgesetz die Mutabilität der GRV, denn mit dem Riester-Renten-Sparen erweitert sich der Mempool der gesetzlichen Rentenversicherung sowie der Spielraum für Veränderungen: In das solidarische umlagefinanzierte System wird das System der individuellen und betrieblichen kapitalgedeckten Vorsorge integriert. Diese institutionelle Erweiterung belegt die Flexibilität und die Anpassungsfähigkeit der GRV. Die Riester-Rentenreform kann als Ergebnis und zugleich als Voraussetzung für einen hohen Grad an Mutabilität gesehen werden.

Das Altersvermögensgesetz enthält Maßnahmen, die die Responsivität der GRV erhöhen sollen. Sowohl der Versand von jährlichen Renteninformationen an alle Versicherten als auch der gesetzlich garantierte Auskunftsanspruch über Möglichkeiten privater und betrieblicher Altersvorsorge sollen die Informationslage bei den Adressaten der Institution verbessern. In den jährlich zugesandten Renteninformationen wird ausdrücklich auf einen zusätzlichen Vorsorgebedarf verwiesen, weil die Renten zukünftig im Vergleich zu den Löhnen geringer steigen werden, woraus sich eine Versorgungslücke ergibt. Auf Basis bekannter Vorsorgemöglichkeiten und nachvollziehbarer Versichertenkonten verfolgt der Gesetzgeber das Anliegen einer sach- und adressatengerechten Information:

> „Die Bemühungen sind getragen von dem Gedanken, dass nur derjenige adäquat privat und betrieblich vorsorgen und den Übergang vom Erwerbsleben in den Ruhestand planen kann, der im vollem Umfang über seine realistisch zu erwartenden gesetzlichen Rentenanwartschaften ins Bild gesetzt ist“ (Reimann 2007: 195).

Die Verbesserung der Kommunikation durch regelmäßige Renteninformationen und kostenlose Beratung soll wünschenswerte Verhaltensweisen bei den Versicherten befördern, wovon vor allem der initiierte Aufgabenteilungsmechanismus profitieren soll.

5.2 Das RV-Nachhaltigkeitsgesetz von 2004

Welchen Beitrag leistet die Reform zur Verbesserung der institutionellen Fitness der GRV? Das RV-Nachhaltigkeitsgesetz optimiert gleichfalls das Input-Output-Verhältnis der Rentenversicherung. Zum einen resultieren aus den beschlossenen Maßnahmen zum Abbau nicht-beitragsgedeckter Leistungen Effizienzgewinne, d.h. durch die Schwächung des Solidaritätsprinzips lässt sich der Output langfristig senken. Zum anderen wird der Nachhaltigkeitsfaktor in den nächsten zwei Jahrzehnten Rentensteigerungen wirksam dämpfen. Jedoch begrenzt die parallel eingeführte Schutzklausel dessen Wirkkraft, indem sie absolute Kürzungen des aktuellen Rentenwertes ausschließt. Außerdem wird die Aufstockung der Nachhaltigkeitsrücklage auf bis zu 1,5 Monatsausgaben die Effizienz verbessern. Denn bei unerwarteten Umwelturbulenzen – wie Finanz- und Wirtschaftskrisen etc. – verfügt die Institution nicht über genügend Zeit, um sich anzupassen z.B. durch die Erhöhung des RV-Beitragssatzes. Für derlei Situationen bedarf es einen institutionellen Krisenpuffer, also eines ausreichenden Reservoirs an Finanzmitteln, das kurzfristig zur Überbrückung von Umwelturbulenzen herangezogen werden kann.

Der Nachhaltigkeitsfaktor dient zur Beitragssatz-Stabilisierung und verteilt in moderatem Maße demografische Lasten von den Versicherten auf die Rentner um. Damit steigert die Reform die Akzeptanz bei Arbeitgebern und -nehmern, weil sie neuen Beitragsbelastungen vorbeugt. Dafür verringert der Nachhaltigkeitsfaktor zukünftig die Höhe positiver Rentenanpassungen, wobei absolute Rentenminderungen ausgeschlossen bleiben. Er führt die Entwicklung des Verhältnisses von Beitragszahlern zu Rentnern klar vor Augen und macht somit eine wesentliche Ursache sinkender Rentenniveaus für alle Versicherten und Rentner sichtbar. Jedoch wirkt sich die erreichte Komplexität der Rentenanpassungsformel akzeptanz-mindernd aus: Neben der Bruttolohnentwicklung werden die Beitragssatzentwicklung, der Riester-Faktor und der Nachhaltigkeitsfaktor zur Berechnung des aktuellen Rentenwertes herangezogen – plus den Implikationen der Schutzklausel. Diese offenkundige Undurchdringlichkeit, die teilweise zur Verschleierung der faktischen Entdynamisierung der Renten dient, verfestigt das bestehende Misstrauen bei vielen Versicherten und Rentnern:

$$AR_t = AR_{t-1} \cdot \frac{BE_{t-1}}{BE_{t-2}} \cdot \frac{100 - AVA_{2012} - RVB_{t-1}}{100 - AVA_{2012} - RVB_{t-2}} \cdot \left(\left(1 - \frac{RQ_{t-1}}{RQ_{t-2}} \right) \cdot \alpha + 1 \right)$$

Weiterhin erzeugen die erneuten Kürzungen versicherungsfremder Leistungen Akzeptanzverluste. Vor allem sind Akademiker enttäuscht darüber, dass deren Hochschulzeiten ab 2009 nicht mehr renten-steigernd berücksichtigt werden.

Das RV-Nachhaltigkeitsgesetz senkt den Retentionsgrad weiter. In der Wahrnehmung von Versicherten und Rentnern erodiert die Konstanz der institutionellen Form der GRV. Der eingeführte Nachhaltigkeitsfaktor sowie der Riester-Faktor von 2001 entkoppeln die Renten zunehmend von den Löhnen und widersprechen dem ursprünglichen Memplex der Dynamisierung[31]. Zusätzliche Verwirrung stiftet die partielle Schutzklausel, welche die Wirkung der beschlossenen Dämpfungsfaktoren teilweise wieder außer Kraft setzt. Der Großteil der Versicherten und Rentner versteht diese Konzeption keinesfalls. Prinzipiell bleibt die Retentionsfähigkeit der Institution stabil, denn die gesetzliche Fixierung der zentralen Normen, Regeln und Verfahrensweisen verhindert essentielle

31 Ursprünglich orientierte sich der aktuelle Rentenwert allein an der Bruttolohnentwicklung und das Prinzip der Dynamisierung kam klar zum Einsatz: Stiegen die Löhne, dann stiegen proportional die Renten. Mittlerweile ist die Rentenanpassungsformel so mathematisch überformt, dass keinerlei Rentenminderungen und nur noch geringe Rentensteigerungen möglich sind. Anstatt den aktuellen Rentenwert bei fallenden Löhnen zu kürzen, wird dieser mit zukünftigen Rentensteigerungen bzw. mit der Inflationsrate verrechnet. Dabei täuschen die nominal nicht-absenkbaren Renten nur kurzzeitig über den Trend sinkender Rentenniveaus hinweg, denn der größer werdende Abstand zwischen Renten und Löhnen wird im Kaufkraftverlust der Renten sichtbar. Das direkt und offen angewendete Dynamisierungsprinzip würde dagegen der institutionellen Form gerecht werden, für mehr Akzeptanz sorgen und den gleichen renten-mindernden Effekt erzielen – allerdings unter Inkaufnahme fortwährender Renten-Schwankungen.

Weitergabefehler bei der memetischen Replikation; allerdings lässt die gesellschaftliche Geltungskraft nach, auf der die Meme beruhen.

Auf der anderen Seite steigert die Ergänzung der Rentenanpassungsformel um einen demografischen Faktor den Mutabilitätsgrad der GRV. Dessen Berücksichtigung in der institutionellen Architektur war von Beginn an möglich und prinzipiell vorgesehen. Dabei belässt der Gewichtungsfaktor α dem Gesetzgeber einen breiten Spielraum, wie groß die dämpfende Wirkung ausfallen soll. Insgesamt bedingen der Riester- und der Nachhaltigkeitsfaktors sowie die Einführung der partiellen Schutzklausel ein hohes Maß an Mutabilität für die Rentenanpassungsformel. Darüber entfaltet sich eine komplexe Rentenmathematik, die kurzfristig auf Umweltwandel reagieren kann – aber eben zu Lasten der Akzeptanz geht. Weiterhin verschlankt der fortgeführte Abbau nicht-beitragsgedeckter Leistungen die institutionelle Architektur und vergrößert deren Flexibilitätsgrad.

Die Einführung des Nachhaltigkeitsfaktors professionalisiert den institutionellen Wahrnehmungsapparat der Rentenversicherung und erhöht somit deren Responsivität. Der Faktor bildet sowohl die demografische Situation als auch die Entwicklung auf dem Arbeitsmarkt ab. Diese Informationen schaffen die Grundlage, um den aktuellen Rentenwert so zu adaptieren, dass das Gleichgewicht zwischen Ressourcen-Input und Leistungs-Output annähernd gewahrt bleibt. Prospektiv werden Fehleinschätzungen auf der Einnahmen- und Ausgabenseite minimiert, wodurch Finanzierungslücken vermieden werden, die sich stets existenz-bedrohend und akzeptanz-mindernd ausnehmen.

5.3 Das RV-Altersgrenzenanpassungsgesetz von 2007

Die schrittweise Anhebung der Altersgrenzen wird erst langfristig die Einnahmen-Ausgaben-Relation positiv beeinflussen. Durch die Ausdehnung der Lebensarbeitszeit werden längere Rentenbezugszeiten kompensiert – damit wird der Output gesenkt und der Input erhöht. Die durch das RV-Altersgrenzenanpassungsgesetz veränderte Schutzklausel wird die Effizienz nicht negativ beeinflussen, da alle unterbliebenen Renten-Minderungen mit späteren Erhöhungen verrechnet werden. Die Rente mit 67 wird die Zahl der Beschäftigten in den nächsten Jahren erhöhen, was interessanter Weise dazu führt, dass der das Verhältnis von Beitragszahlern zu Rentenempfängern abbildende Nachhaltigkeitsfaktor kurzfristig eine renten-steigernde Wirkung entfalten wird (vgl. Reimann 2007: 193).

Die durch die Rente mit 67 erzielten Effizienzverbesserungen gehen eindeutig zu Lasten der Akzeptanz. Die Erhöhung des Renteneintrittsalters beschwor vielfache Widerstände bei Versicherten und Gewerkschaften herauf. Sie betrachteten die Anhebung der Altersgrenzen als Resultat der Ineffizienz des Rentensystems und nicht als Konsequenz einer alternden Gesellschaft. Deswegen nimmt der Gesetzgeber Einfluss auf die normativen Vorstellungen der Versicherten und Rentner, indem er die bisherigen Leistungsziele als nicht mehr finanzierbar darstellt und stattdessen für die adaptierte Leitidee einer armutssicheren Basisversorgung wirbt, die dem tatsächlichen Leistungsvermögen eher entspricht. Diese Verschiebung im Anspruchsdenken sowie die Umprägung der Leistungsziele gelten als schwierige und langfristige Prozesse (vgl. Lempp 2007b: 618). Zweifellos wird das RV-Altersgrenzenanpassungsgesetz die Akzeptanz der Institution in Zukunft erhöhen, weil sie hilft, Passungslücken und Krisensymptome der GRV zu beseitigen. Bereits kurzfristig stützt die absolute Schutzklausel die Legitimität der GRV, da sie jegliches Absinken des aktuellen Rentenwertes unter den des Vorjahres ausschließt, was ein deutliches Signal für die Eigentumsgarantie der Renten setzt. Zwar handelt es sich bei genauerem Hinsehen um ein Trugbild, denn die Rentengarantie wird durch die Minderung kommender Rentensteigerungen erkauft. Dessen ungeachtet wird diese symbolische Maßnahme mit großer Wahrscheinlichkeit zu einem Legitimitätsgewinn führen – wiederum zu Lasten des zentralen Memplexes der Dynamisierung.

Die Rente mit 67 hält an den im Jahr 2001 gesetzlich fixierten Leistungs- und Beitragssatzzielen fest und setzt damit den eingeschlagenen Reformkurs konsequent fort und bestätigt die bisherigen Reformen. Sie fördert die institutionelle Konstanz und kräftigt den Retentionsgrad der GRV. Unmittelbar geht die Rente mit 67 weder zu Lasten der Beitragssatzhöhe noch zu Lasten des aktuellen Rentenwerts. Daher steht sie mit den wesentlichen Geltungsansprüchen der Solidarität, der Teilhabeäquivalenz und der Generationengerechtigkeit in Einklang. Auf der anderen Seite schwächen einige Bestimmungen des RV-Altersgrenzenanpassungsgesetzes die Retentionsfähigkeit der Institution und unterminieren ihre Bestandskraft: Die absolute Schutzklausel, die Vertrauensschutzregelungen und die langjährigen Übergangsphasen bei der Einführung der Rente mit 67 tragen dazu bei, dass das Wissen über die den Strukturen und der Funktionsweise des Rentensystems zugrunde liegenden Ideen weiter schrumpft, was die Tradierung und die Reproduktion der zentralen Memplexe bei Akteuren und Adressaten erschwert. Zwar garantiert die gesetzliche Fixierung die fehlerfreie memetische Replikation der institutionellen Form, doch die zunehmende Unkenntnis bei Versicherten, Arbeitgebern und Rentnern führt zu einem Geltungsverlust institutioneller Meme.

Die Anhebung der Regelaltersgrenze vergrößert die Mutabilität der Rentenversicherung. Perspektivisch kann der fortwährend steigenden Lebenserwartung wiederkehrend mit dem Mem der Anhebung des Renteneintrittsalters begegnet werden. Mit der politischen Steuerung des Rentenzugangsalters lassen sich maßgeblich die langfristigen Finanzgrundlagen des Alterssicherungssystems beeinflussen.

Letztlich führt das RV-Altersgrenzenanpassungsgesetz zu einer Steigerung der Responsivität der Institution. Weil die Rente mit 67 eine größere Beschäftigungsquote älterer Arbeitnehmer voraussetzt, obliegt der Bundesregierung als zentralen Akteur der GRV zukünftig eine Berichtspflicht (§ 154 Absatz 4 SGB VI), um die sozial- und arbeitsmarktpolitischen Verhältnisse bei älteren Arbeitnehmer in regelmäßigen Abständen zu überprüfen und um die Reform ggf. wieder abändern zu können. Mit diesem neuen Element der institutionellen Wahrnehmungsstruktur werden zusätzliche Informationen aus der ökologischen Nische kanalisiert, um rasch auf sich abzeichnende sozio-ökonomische Veränderungen bei älteren Arbeitnehmern reagieren zu können. Eine feststell-bare hohe Beschäftigungsquote Älterer könnte in Zukunft die weitere Anhebung der Regelaltersgrenze – z.B. um ein Jahr – rechtfertigen, die aus Sicht der durchschnittlichen Rentenbezugsdauer bereits vertretbar wäre.

5.4 Die institutionelle Fitness der gesetzlichen Rentenversicherung nach den Reformen zwischen 2001 und 2007

Was haben die Reformen tatsächlich erreicht? Welche empirischen Befunde lassen sich finden? Die gegenwärtige Lage und die Prognosen zur gesetzlichen Rentenversicherung stimmen optimistisch; die anvisierten Leistungs- und Beitragsziele für die Jahre 2020 und 2030 scheinen erreichbar. Die Beitragssatzstabilität und die armutssichere Basisversorgung im Alter prägen die institutionelle Form – der Leitideenwandel in der GRV wurde erfolgreich vollzogen. Der staatliche Vormundschaftsmechanismus und der Aufgabenteilungsmechanismus stellen verlässlich funktionierende Handlungsmuster und Verfahrensroutinen dar. Sie verleihen der Rentenversicherung Ordnung und Stabilität und verschaffen ihr Geltung – die Versicherten und Rentner können auf die Wirksamkeit der gesetzlichen Altersvorsorge samt privater und betrieblicher Zusatzvorsorge vertrauen. Dem Rentenversicherungsbericht der Bundesregierung von 2010 ist zu entnehmen:

> „Nach den Modellrechnungen steigen die Renten bis zum Jahr 2024 um insgesamt gut 29 % an. Dies entspricht einer durchschnittlichen Steigerungsrate von knapp 1,9 % pro Jahr. Das Sicherungsniveau vor Steuern sinkt von 51,7 % im Jahr 2010 auf 47,3 % im Jahr 2020 und weiter auf 46,2 % im Jahr 2024 ab. Beitragssatz wie auch Sicherungsniveau vor Steuern bewegen sich damit im Rahmen der im Gesetz vorgesehenen Grenzwerte von 20 % bzw. 46 % bis zum Jahr 2020 und von 22 % bzw. 43 % bis zum Jahr 2030" (Bundesministerium für Arbeit und Soziales 2010: 12).

Weiterhin heißt es:

> „Das gesamte Versorgungsniveau aus Sicherungsniveau vor Steuern einschließlich einer Riester-Rente für Rentenzugänge kann über den gesamten Vorausberechnungszeitraum bei gut 50 Prozent gehalten werden" (Bundesministerium für Arbeit und Soziales 2010: 39f.).

Laut 15-jähriger Vorausberechnung entwickelt sich der Bundeszuschuss ebenfalls zufriedenstellend und sinkt deutlich auf unter ein Drittel der Gesamtausgaben ab – vor allem wegen dem Abbau nicht-beitragsgedeckter Leistungen:

> „Die Bundeszuschüsse werden insbesondere mit der Lohnentwicklung sowie mit der Veränderung des Beitragssatzes zur Rentenversicherung fortgeschrieben (…). Der Anteil der Bundeszuschüsse an den Gesamtausgaben der allgemeinen Rentenversicherung bewegt sich im Vorausberechnungszeitraum zwischen 23,4 % und 24,4 %" (Bundesministerium für Arbeit und Soziales 2010: 41).

Unter der verbesserten Finanzsituation kann der Bundeszuschuss wieder vollkommen regel-gebunden verwendet werden und nicht mehr zur versteckten Subventionierung des RV-Beitragssatzes (vgl. Rürup 2005: 25). In den ersten Jahren nach Einführung der Riester-Rente verlief deren Inanspruchnahme eher zögerlich. Der Gesamtbestand an Riester-Verträgen lag im Jahr 2007 bei etwa 8,5 Millionen (vgl. Rische 2007b: 407). Bis zum Ende des Jahrzehnts kehrte sich der Trend um: Mittlerweile funktioniert der implementierte Aufgabenteilungsmechanismus und regt erfolgreich zur privaten kapitalgedeckten Altersvorsorge an. Bis März 2011 wuchs die Zahl der abgeschlossenen Riester-Verträge auf 14,6 Millionen an, d.h. nunmehr verfügen knapp 30 Prozent aller Versicherten über eine zusätzliche private Altersvorsorge (vgl. Bundesministerium für Arbeit und Soziales 2011). Dennoch wird der Geltungsanspruch der Solidarität durch die Riester-Rente nur teilweise erreicht, denn Frauen, Mütter und Geringverdiener sind nach wie vor unterrepräsentiert – in toto beurteilen die Rentenversicherungsträger die Zielgerichtetheit der staatlichen Förderung positiv (vgl. Rische 2007b: 408). Ebenfalls entwickeln sich die Voraussetzungen für die Einführung der Rente mit 67 günstig – die Erwerbsbeteiligung älterer Arbeitnehmer nimmt signifikant zu: Im Zeitraum von 2000 bis 2009 stieg die Erwerbstätigenquote der 60- bis 64-jährigen Männer um rund 19 Prozentpunkte auf 47 Prozent an. Die Erwerbstätigenquote der 60- bis 64-jährigen Frauen wuchs im gleichen Zeitraum um 18 Prozentpunkte auf 30 Prozent. Insgesamt verdoppelte sich nahezu die Erwerbstätigenquote der 60- bis 64-Jährigen in den letzten zehn Jahren. Des Weiteren erhöhte sich das faktische Renteneintrittsalter vom Jahr 2000 von 62,3 Jahren auf 63,5 Jahre im Jahr 2010 (vgl. Deutsche Rentenversicherung Bund 2011: 68). Aufgrund des demografischen Wandels wird die Erwerbsbeteiligung Älterer in Zukunft weiter zunehmen, wobei die Verlängerung der Lebensarbeitszeit auch die Rentenanwartschaften erhöhen wird. In der Zusammenschau lässt sich die schrittweise Anhebung der Regelaltersgrenze ab dem Jahr 2012 verantworten (vgl. Bundesministerium für Arbeit und Soziales 2010: 72f.).

Die intensive Reformphase zwischen 2001 und 2007 zeigte Wirkung und verbesserte merklich die institutionelle Fitness der GRV. Insgesamt entfalteten die drei großen Reformprojekte ihre erhofften Effekte (vgl. Rische 2009: 471). Eine einzige Reformanstrengung hätte dafür nicht ausgereicht. Erst ein Bündel aus verschiedenen Maßnahmen konnte die

Passungslücken schließen und die Neukonzeption der Leitidee erfolgreich durchsetzen. Dabei erweiterte das Altersvermögensgesetz von 2001 die GRV um die Leitidee der Beitragssatzstabilität und initiierte damit eine Memdrift – weg von der ausgabeorientierten Einnahmepolitik hin zu einer einnahmeorientierten Ausgabenpolitik. Zudem formulierte das Gesetz die bisherige Leitidee der Lebensstandardsicherung um, weil ein Rentenniveau von 70 Prozent des Nettolohnniveaus nicht mehr finanzierbar war (vgl. Rürup 2005: 22). Die eingeführte Riester-Rente soll fortan das reformbedingte Absinken des Rentenniveaus kompensieren helfen. Danach folgte 2004 das RV-Nachhaltigkeitsgesetz, das den begonnenen Reformkurs stringent fortsetzte und an den richtigen Stellen weiterführte. Der Riester- und der Nachhaltigkeitsfaktor werden gemeinsam den aktuellen Rentenwert in dem Zeitraum von 2005 bis 2030 um etwa 17 Prozent dämpfen gegenüber der allgemeinen Lohnentwicklung (vgl. Hain et al. 2004: 341). Hinsichtlich innerer und äußerer Selektionsfaktoren ergibt sich beim Riester- und Nachhaltigkeitsfaktor ein ambivalentes Bild. Passen die neu-aufgebauten Strukturen zum Grundbauplan der Institution? Die beiden Faktoren widersprechen der ursprünglichen Rentenanpassungsformel, weil sie das Mem der Dynamisierung, eine elementare Errungenschaft der Reform von 1957, konterkarieren. Es entsteht innerhalb der institutionellen Architektur ein Widerspruch, denn gleichzeitig wird an dem Mem der Verkopplung von Renten und Löhnen festgehalten. Passen die neu-aufgebauten Strukturen zu den funktionellen Anforderungen der Institution? Die beiden Faktoren optimieren die Passung der GRV gegenüber ihrer Nische, indem sie den Beitragssatz stabilisieren und das Rentenniveau senken. Der Gesetzgeber nimmt die mangelnde innere Passung bewusst in Kauf, um der Verbesserung der Nischenanpassung willen. Daher wird diese innerinstitutionelle Widersprüchlichkeit fortdauern. Darüber hinaus verteilen die beiden Faktoren auf moderate Weise Belastungen der Versicherten auf die Rentenempfänger um und erzielen damit eine gerechtere Verteilung der demografischen Lasten zwischen den Generationen, was den Geltungsanspruch der Generationengerechtigkeit stärkt. Schließlich verabschiedete der Gesetzgeber im Jahr 2007 das RV-Altersgrenzenanpassungsgesetz und setzte damit den Schlusspunkt der sieben-jährigen Reformphase. Die Rente mit 67 trägt zur Schließung der Passungslücken bei, indem sie das Beitragsaufkommen steigert, das faktische Renteneintrittsalter erhöht und die Rentenauszahlungen senkt.

Die Reformphase zwischen 2001 und 2007 stabilisierte die Rentenversicherung nachhaltig. Die aktuellen Zahlen belegen, dass sich ihre Passung gegenüber der Umwelt signifikant verbesserte und dass sie so anpassungsfähig geworden ist, um fortwährend auf den exogenen Wandel existenz-sichernd reagieren zu können. Neben den empirischen Befunden lässt sich die institutionelle Restabilisierung gerade daran ablesen, dass es nach der großen öffentlichen Erregung bei Verabschiedung der Rente mit 67 sehr still um die GRV wurde. Die politischen Debatten über Rentenreformen und Rentenkrise verstummten allmählich und das mediale Interesse an Rentenpolitik ging zurück. Zweitens ist der RV-Beitragssatz seit vier Jahren stabil – seit 2007 unverändert bei 19,9 Prozent – und die jährlichen Rentenanpassungen werden nicht mehr verzögert oder ausgesetzt. Drittens beinhaltet der Koalitionsvertrag der schwarz-gelben Bundesregierung von 2009 keine großen rentenpolitischen Reformprojekte wie in den vergangenen drei Legislaturperioden. Viertens beabsichtigt die schwarz-gelbe Koalition sogar den RV-Beitragssatz aufgrund der guten Finanzlage noch vor der Bundestagswahl 2013 um 0,6 Prozentpunkte auf 19,3 Prozent zu senken[32].

32 Siehe dazu: Financial Times Deutschland, 20. Januar 2011, S. 11.

6 Zusammenfassung und Schlussfolgerungen

Die anfangs gestellte Forschungsfrage lautete: Warum fällt es so schwer, die Institution der gesetzlichen Rentenversicherung zu reformieren, und unter welchen Umständen kann es dennoch gelingen? Oder anders formuliert: Unter welchen Umständen gelingt institutioneller Wandel und aus welchen Gründen scheitert er? Wie müssen institutionelle Reformen gedacht und ausgestaltet werden, um die Rentenversicherung zu stabilisieren und an den Umweltwandel erfolgreich anzupassen?

Abschließend werden die Ergebnisse der institutionellen Analyse und der Untersuchung des institutionellen Wandels der gesetzlichen Rentenversicherung dargestellt, wichtige Erkenntnisse für zukünftige Reformvorhaben in der GRV formuliert und generelle Einsichten über Reform- und Stabilisierungspolitik festgehalten. Außerdem wird die Leistungsfähigkeit der Theorie des Evolutorischen Institutionalismus für die Analyse von Institutionen und deren Wandel dargelegt und beurteilt. Zusätzlich wird in einem Exkurs auf die politischen Faktoren schlaglichtartig eingegangen, die das Nicht- bzw. das Zustandekommen von Reformen erklären, die allerdings nicht im Forschungsinteresse der Arbeit liegen.

6.1 Antworten, Ergebnisse und Einsichten zur Reform der Institution der gesetzlichen Rentenversicherung

Im Nachhinein können die Reformen zwischen 2001 und 2007 als eine gelungene Phase institutionellen Lernens angesehen werden, denn die GRV wurde erfolgreich den veränderten Umweltbedingungen angepasst. Die Maßnahmen bauten aufeinander auf, ergänzten sich und wirkten insgesamt schlüssig zusammen. Aufgrund der Anzahl und der Reichweite der Umbaumaßnahmen schloss sich ein einziger Reformschritt von Vornherein aus. Stattdessen erfolgten nacheinander mehrere Reformen, um das Rentensystem zu restabilisieren. Kleinere Reformen lassen sich besser planen und durchsetzen, ihre Folgen sind leichter abzuschätzen und bei Misserfolg leichter rückgängig zu machen. Ohne die Reformanstrengungen der letzten Jahre hätte sich der Beitragssatz bis 2030 unaufhörlich erhöht. Die gesetzlichen Renten des Jahres 2030 werden zwar höher als die heutigen, aber gleichwohl um gut ein Sechstel niedriger sein als sie es gewesen wären, wenn es diese Reformen nicht gegeben hätte (vgl. Rürup 2005: 22). In der Summe werden die Rentenleistungen zurückgehen und allein zur Lebensstandardsicherung nicht mehr ausreichen. Dabei führten die zahlreichen kurz aufeinander folgenden Reformschritte bei Versicherten und Rentnern zu Verunsicherung über die Zukunftsfähigkeit der GRV. Zudem erregten die einhergehende Verkomplizierung und die steigende Intransparenz des Rentensystems Misstrauen (vgl. Igl 2007: 49f.). Die wachsende institutionelle Komplexität war eine logische Reaktion auf die sich stetig wandelnde und ausdifferenzierende ökologische Nische, wenngleich die umfangreichen institutionellen Strukturen der Rentenversicherung dadurch träge und starr wurden, was institutionelle Reformen erschwerte (vgl. Demuth 2007b: 460). Die Reformen zwischen 2001 und 2007 waren unpopulär, stießen auf wenig Sympathie und hatten negative Folgewirkungen: Die GRV verlor bei Versicherten und Rentnern weiter an Rückhalt. Doch entgegen der öffentlichen Wahrnehmung trugen die Reformen tatsächlich zur Konsolidierung und nachhaltigen Stabilisierung der Rentenversicherung bei (vgl. Rürup 2005: 22). Die institutionelle Krise wurde durch die Reformphase von 2001 bis 2007 behoben; die GRV wurde auf den Wandel der Bevölkerungsstruktur und auf den sich verändernden Arbeitsmarkt erfolgreich abgestimmt. Obschon die Institutionenkrise beendet ist, besteht die Legitimationskrise fort. Deshalb muss die Rentenversicherung ihre Leistungsfähigkeit erneut unter Beweis stellen und ihre Geltungsansprüche glaubhaft zum Ausdruck bringen. Die Rentenleistungen kommen der Lebensstandardsicherung immer noch näher als einer Basisversorgung. In der Kommunikation muss deutlich werden, dass die Rentenversicherung eine lohnende „Alterssparkasse“ bleibt und dass auch für heutige Beitragszahler die Renditen positiv sein werden. Die erreichten Ziele sowie die bisherigen Ergebnisse und Folgen der Reformen sind unbemäntelt zu benennen.

> „Häufig werden im politischen Raum (…) die Wirkungen von Reformen nicht in ihrer ganzen Tragweite offen gelegt, um die politische Unterstützung nicht zu ge-

fährden. Die gesetzliche RV kann sich aber nicht an politischen Wahlzyklen orientieren, sondern ist auf das langfristige Vertrauen der Menschen angewiesen" (Rische 2006b: 4).

Durchsichtigkeit und Berechenbarkeit der institutionellen Architektur sind entscheidend, um Glaubwürdigkeit und Akzeptanz wiederzugewinnen. Die Rentenversicherung kann dauerhaft nur überleben, wenn die Arbeitgeber, Versicherten und Rentner von den Vorsorge- und Verteilungsmaßnahmen sowie von den notwendigen Reformen überzeugt sind und diese mittragen.

Der vollzogene Leitideenwandel – die gesetzliche Rente wird im Alter nicht mehr allein zur Lebensstandardsicherung ausreichen, sondern nur noch eine armutssichere Basisversorgung darstellen – sowie die Etablierung einer zweiten Leitidee – die der Beitragssatzstabilität – müssen im Bewusstsein der Bevölkerung verankert und wirksam symbolisiert werden. Reformen an der Leitidee sind aufgrund ihrer institutionellen Bedeutsamkeit anspruchsvoll, risikoreich und nur im begrenzten Maße möglich. Doch um langfristig finanzierbare und auskömmliche Renten zu gewährleisten, war die Reformierung der Leitidee letztlich unvermeidlich und richtig. Fortan muss zwischen beiden Leitideen die Balance gewahrt werden, denn nur gemeinsam können sie für den Erhalt der Rentenversicherung garantieren. Neues Vertrauen in ihre Zukunfts- und Leistungsfähigkeit wird die Legitimationskrise der Institution allmählich überwinden (vgl. Rische 2006b: 5f.). Der Reform-Marathon zwischen 2001 und 2007 erhöhte geradewegs die Effizienz, die Mutabilität und die Responsivität, allerdings schadete er merklich der Akzeptanz und vorübergehend auch der Retentionsfähigkeit der Rentenversicherung. Dieser langwierigen und turbulenten Reformphase muss eine Periode der Stabilität und Kontinuität folgen, damit die veränderten institutionellen Strukturen aushärten können und neu verinnerlicht werden. Desgleichen müssen die mit den institutionellen Reformen einhergehenden Leistungsveränderungen und Ziele klar benannt sowie erklärt werden, um die Erwartungen der Versicherten diesbezüglich anzupassen. Wenn die Adressaten und Akteure der Institution die Differenz zwischen ihrer praktizierten Form und ihrer institutionellen Form als möglichst klein wahrnehmen, dann wird sie neue Legitimität generieren – auf diese Weise wird auch das Spannungsverhältnis zwischen Effizienz und Akzeptanz abgebaut (vgl. Lempp 2007a: 404).

Die Leitidee der Lebensstandardsicherung prägte die Versicherten- und Rentnerkohorten über Jahrzehnte hinweg und kanalisierte großes Vertrauen. Bis Ende der 1980er Jahre konnten die Leistungszusagen uneingeschränkt gehalten werden. Im Zuge der Reformen der 1990er Jahre gingen die Leistungen schrittweise zurück, allerdings ohne die Leitidee anzupassen. Erst mit der Riester-Rentenreform von 2001 wurde der Leitideenwandel offiziell vollzogen und von den nachfolgenden Reformen auch bestätigt: Die gesetzliche Rente wird sich bis 2030 zu einer armutssicheren Basisversorgung entwickeln, die nach wie vor die wichtigste Einnahmequelle im Alter darstellen, aber nicht mehr allein zur Versorgung im Alter ausreichen wird. Zukünftig wird nur eine Mischung aus staatlicher Rente, Betriebsrente und privater Vorsorge eine an das Einkommensniveau der Erwerbsphase heranreichende Rente gewährleisten. Die Rentenreform von 1957 initiierte den Leitideenwandel von der Armutssicherung zur Lebensstandardsicherung und forcierte ein Ein-Säulen-Modell der Alterssicherung. Die Rentenreformen zwischen 2001und 2007 machen diese Entwicklung teilweise wieder rückgängig und revitalisieren das alte Drei-Säulen-Modell der Alterssicherung. In diesem Sinne begründet der Leitideenwandel keinesfalls einen neuen Pfad der Alterssicherungspolitik – wie von Schmähl (2011) behauptet – oder stellt einen Paradigmenwechsel – wie von Hinrichs (2004) betont – dar, sondern knüpft an die alten Pfade deutscher Altersvorsorge an.

Der Gründung der GRV im Jahr 1889 ging eine heftige Kontroverse über die Finanzierung voraus. Letztlich fand im Reichstag das hauptsächlich aus Beiträgen finanzierte Modell eine Mehrheit; eine überwiegend aus Steuern finanzierte Rentenversicherung war nicht durchsetzbar. Bei der Einführung der Rentenversicherung standen beide Wege gleichermaßen offen. Doch mit der Entscheidung für die Finanzierung aus Beiträgen erhielt die weitere Entwicklung eine bestimmte Richtung. Das Muster der Pfadabhängigkeit stabilisierte im Zeitverlauf das beitragsfinanzierte Modell und sorgte für dessen fortwährende memetische und funktionelle Bebürdung. An diesen gewachsenen Bebürdungsstrukturen muss sich jeglicher institutioneller Reformprozess orientieren. Auf diese Weise prägen die früheren politischen Entscheidungen und gebahnten Wege, die zunächst nur eine Sequenz aus kontingenten Ereignissen darstellten, immer noch die Gegenwart (vgl. Stuchlik 2010a: 80). Aus der Beitragsfinanzierung folgte schließlich das Versicherungsprinzip, während die Steuerfinanzierung das Bedürftigkeitsprinzip bedingt hätte. Damit konnten die Renten sehr unterschiedlich ausfallen, weil sich die Rentenbeiträge an den Arbeitseinkommen orientierten. Dagegen hätte ein steuerfinanziertes Rentenmodell die Spreizung der Renten verhindert und einen für alle gleichen Grundbetrag bedeutet. In dieser Hinsicht beförderte das beitragsfinanzierte Modell die Leitidee der Lebensstandardsicherung, indessen hätte das steuerfinanzierte Konzept mehr oder weniger die Leitidee der Armutsbekämpfung forciert. Dementsprechend lässt sich für die Reformphase von 2001 bis 2007 schlussfolgern: Der Wegfall der Lebensstandardsicherung schwächt automatisch das Versicherungsprinzip und die Beitragsfinanzierung, dafür gewinnt die steuerfinanzierte Grundrentenidee an memetischer Bedeutung. Somit stellt der Leitideenwandel zur armutssicheren Basisversorgung die bisherige Finanzierungsweise indirekt in Frage und redet dem konkurrierenden Mem der Steuerfinanzierung das Wort. Die Einführung der Steuerfinanzierung würde auf die Kostensenkung des Faktors Arbeit zielen, weshalb dieser Schritt memetisch so attraktiv erscheint. Sicherlich würde die Abschaffung der Beitragsfinanzierung die Arbeitskosten drastisch verbilligen und positive Impulse am Arbeitsmarkt setzen, allerdings bräche die bestehende GRV dann zusammen; zudem wäre die Frage des Leistungsvermögens und der Performanz einer neuen steuerfinanzierten Altersvorsorge völlig offen. Ergo: Was hier memetisch attraktiv erscheint, wird nicht zu funktional besser geeigneten Strukturen führen. Gleichfalls illustriert die Pfadabhängigkeit die Schwierigkeiten und Grenzen eines etwaigen Umbaus der GRV, der sinnvoll nur über einen langen Zeitraum hinweg möglich sein wird (vgl. Leibfried et al. 2008: 18). Die seit über 120 Jahren gewachsene Institution lässt sich nur schrittwiese durch politische Reformen umbauen – also auf inkrementellem Wege –, wobei die Freiheitsgrade für die institutionelle Weiterentwicklung eng begrenzt sind. Hinzu kommt, dass nahezu die gesamte Gesellschaft – über 52 Millionen Versicherte und über 20 Millionen Rentner – über vier Generationen Anteil an der Institution der GRV hat, wodurch viele, Interessen, Bedürfnisse und Konstellationen zu berücksichtigen sind (vgl. Stuchlik 2010a: 73).

Die möglichen Reformmaßnahmen zur Steigerung der institutionellen Fitness hatten unterschiedliche Wirkungskraft und entfalteten ihre Effekte zeitlich sehr verschieden. Unmittelbar zur Schließung von Finanzierungslücken eigneten sich etwa die Aussetzung der jährlichen Rentenanpassung, die Inanspruchnahme der Nachhaltigkeitsrücklage oder die Verlegung der Rentenzahlung auf das Monatsende. Die erste Maßnahme stellte eine bewusste Abweichung von der institutionellen Form dar, die zweite beruhte auf einem Ressourcen-Puffer für Krisen und die dritte veränderte ein gering bebürdetes Mem. Langfristige Wirkungen zeitigten demgegenüber die Erhöhung der Regelaltersgrenze oder die Einführung der kapitalgedeckten Altersvorsorge. Diese Reformen wirken schrittweise, langsam und überbrücken große Zeiträume, was der Form des Alterssicherungssystems entgegenkommt (vgl. Hinrichs 2004: 279). Maßnahmen mit kurz andauernder Wirkung ändern nichts an der grundsätzlichen Architektur der Institution und verringern nur vorübergehend Passungslücken. Dagegen verändern langfristig wirkende Maßnahmen sehr wohl die institutionelle Form und beseitigen strukturelle Passungslücken. Insgesamt scheint für die Anpassungsfähigkeit an endogenen und exogenen Wandel ein Bündel von Maßnahmen mit unterschiedlichem Zeithorizont und verschiedener Wirkkraft optimal. Des Weiteren lassen sich Reformen einteilen in solche, die Ursachen für Finanzierungsprobleme beseitigen, und in solche, die Finanzierungsprobleme nicht lösen, sondern nur deren Folgelasten zwischen den Generationen verteilen (vgl. Sinn 2005: 403). Dabei sind nicht nur die direkt fitness-steigernden Reformen bedeutsam, ebenso haben die vornehmlich umverteilenden Reformen Einfluss auf die Institution und ihre Umwelt. Die aus dem Umweltwandel resultierenden Belastungen sind gleichmäßig zwischen den Generationen aufzuteilen. Die Rentenempfänger sollen eine bestmögliche Absicherung erhalten und für die Beitragszahler soll das Umlagesystem attraktiv bleiben. Nur so lässt sich der Geltungsanspruch der Generationengerechtigkeit wirksam sichern, der zur Legitimität der Rentenversicherung beiträgt.

Von ebenso zentraler Bedeutung für die Selbstbehauptung der Institution der GRV ist der Geltungsanspruch der Teilhabeäquivalenz. Die Renten bemessen sich im Kern nach dem Arbeitseinkommen und der Versicherungsdauer. Die nach längerer Versicherungsdauer erworbenen Rentenanwartschaften sollten daher deutlich höher sein als nach kürzeren verdienstgleichen Zeiten oder als der Betrag, der ohne jede Beitragszahlung im Alter gezahlt würde – die sog. „Grundsicherung"; das Abstandsgebot sichert diesen Geltungsanspruch (vgl. Rische 2007a: 180). Würde die Teilhabeäquivalenz durch Reformen weiter unterminiert, dann verlöre sie ihre Geltung und damit ihre subjektformierende Kraft – mit der Folge negativer Verhaltensänderungen: Versicherte würden verstärkt auf Beitragsumgehungen, Beitragsausfälle und auf Schwarzarbeit setzen. Damit würden die Existenzgrundlagen der GRV in Frage gestellt. Die Reformen zwischen 2001 und 2007 senken das gesetzliche Rentenniveau, was nur teilweise durch betriebliche und private Altersvorsorgemaßnahmen kompensiert werden kann (vgl. Schmähl 2011: 15). Folglich gerät der Geltungsanspruch der Teilhabeäquivalenz unter Druck.

> „Wenn für einen Großteil der Versicherten selbst nach langer Versicherungsdauer der durch Beiträge erworbene Rentenanspruch in der GRV kaum spürbar die Armutsgrenze übersteigt oder gar darunter bleibt, dann verliert eine durch Beiträge zu finanzierende Rentenversicherung ihre politische Legitimation und Akzeptanz in der Bevölkerung, da die Grundsicherung ohne jede Vorleistung bezogen werden kann" (Schmähl 2011: 17).

Ergo trägt das Prinzip der Teilhabeäquivalenz eine existenzielle Bürde. Dessen Preisgabe würde faktisch zum Zusammenbruch der dynamischen umlagefinanzierten Rentenversicherung führen. Prinzipiell dürfen die zentralen Geltungsansprüche und deren Trägerstrukturen durch Reformen nicht soweit angetastet werden, dass sie in ihrem Bestand gefährdet werden, sonst drohen Institutionen zu kollabieren.

Die jüngsten Anpassungsleistungen und Beispiele aus der Geschichte der GRV belegen, dass sich die Institution immer wieder an Veränderungen und Turbulenzen in ihrer Umwelt sowie an neue funktionale Anforderungen anpasste. In ihrer jetzigen Form besteht die Rentenversicherung seit mehr als 50 Jahren und reproduziert sich erfolgreich seit mehreren Generationen. Das dynamische umlagefinanzierte Rentensystem stellte damit seine Überlebensfähigkeit mehrfach unter Beweis und zeigte einen beachtlichen Grad an institutioneller Lernfähigkeit. In Anbetracht der erfolgreichen Institutionenevolution relativieren sich Zweifel und Skepsis an der Zukunftsfähigkeit der GRV (vgl. Demuth 2007b: 469). Die Rentenversicherung wird einem ständig hohen Wandlungsdruck ausgesetzt bleiben, sie muss fortwährend auf ökonomische, demografische, soziale und politische Herausforderungen reagieren. Die Institution ist mittlerweile darauf ausgerichtet, sich zwischen gesetzlicher, betrieblicher und privater Vorsorge bzw. sich zwischen Kapitaldeckung und Umlageverfahren immer wieder neu auszubalancieren (vgl. Rische 2007a: 181). Eine optimale und zuverlässige Alterssicherung besteht aus einer Mischung zwischen privater und öffentlicher Vorsorge und aus einer in der Finanzierungsweise – dies ist nicht nur memetisch attraktiv, sondern auch mit den Umweltanforderungen und Nischenbedingungen im hohen Maße verträglich.

6.2 Exkurs: Zu den politischen Einflussfaktoren von Rentenreformen

Der Wille des epimemetischen Systems, die Institution an veränderte Nischenbedingungen anzupassen, also institutionell zu lernen, stellt eine conditio sine qua non erfolgreichen Reformierens dar (vgl. Demuth 2007b: 470). Der Reform-Impetus zum Umbau der GRV geht allein von der Bundesregierung aus, die zunächst einen Handlungsbedarf wahrnehmen muss. Bei der späteren Erarbeitung und Aushandlung von Reformvorhaben wirken aktiv die Sozialpartner, also Vertreter von Arbeitgebern und Arbeitnehmern, verschiedene Expertengremien und die Träger der gesetzlichen Rentenversicherung mit. Dahingehend erweist sich die Rente als Verhandlungsgegenstand zwischen Politikern und Interessenvertretern, was sie für Begehrlichkeiten einzelner Gruppen anfällig macht und dem kurzfristigen Handlungshorizont der Politik unterwirft. Daher sind breite Mehrheiten unentbehrlich, um Reformprojekte langfristig durchsetzen und meistern zu können. Am besten ist ein Konsens zwischen Regierung und Opposition, damit Reformen nicht nach einem Regierungswechsel wieder zur Disposition stehen (vgl. Bomsdorf 2001: 146). Hinzu kommen die strukturellen Besonderheiten des deutschen Regierungssystems: Zahlreiche Vetospieler, konkordanzdemokratische Prozeduren sowie korporatistische Traditionen determinieren den Reformprozess und verursachen das Phänomen des „Reformstau"[33]. Die daraus formulierte Blockadethese bezeichnet die mangelnde Durchsetzbarkeit sinnvoller Reformen als das Hauptproblem des staatlichen Alterssicherungssystems (vgl. Schmidt 2005: 113). Darüber hinaus erfährt die Rentenpolitik – ent-

33 Siehe ausführlich: Czada, Roland, 2000: Konkordanz, Korporatismus, und Politikverflechtung: Dimensionen der Verhandlungsdemokratie, in: Holtmann, Everhard/Voelzkow, Helmut (Hrsg.), Zwischen Wettbewerbs- und Verhandlungsdemokratie. Analysen zum Regierungssystem der Bundesrepublik Deutschland, Wiesbaden, S. 23-49.

gegen allen sachpolitischen Erwägungen – eine regelmäßige wahltaktische Instrumentalisierung z.B. in Gestalt von Rentenerhöhungen oder Beitragssatzsenkungen im Vorfeld von Bundestagswahlen (vgl. Schmidt 2005: 171; Rürup 2006: 100). Einige Rentenexperten z.B. Bomsdorf schlagen deshalb vor, Entscheidungen über die Rentenversicherung in unabhängigere Hände eines Sachverständigenrats zu geben, um sie vor Klientelpolitik und kurzfristigen politischen Manövern zu schützen (vgl. Bomsdorf 2008: 221).

Auf der anderen Seite wird es die älter werdende Gesellschaft erschweren, zukunftsweisende Reformen in der GRV durchzuführen. Die Rentner stellen eine immer bedeutendere Wählergruppe innerhalb des demokratischen Systems dar, weshalb deren Interessen in der politischen Auseinandersetzung an Bedeutung gewinnen. Die soziale Großgruppe der wahlberechtigten Senioren macht mittlerweile über ein Drittel der stimmberechtigten Bevölkerung aus. Diese Stimmenmacht der Rentnergenerationen wird bei zukünftigen Wahlen noch zunehmen, was Reformen zu Lasten der Versicherten wahrscheinlicher macht (vgl. Schmidt 2008: 140f.). Seit langem werden renten-nahe Geburtsjahrgänge von Veränderungen im Rentenrecht in großzügiger Weise verschont, weil sich die Maßnahmen unmittelbar auf deren Lebenssituation auswirken würden und die regierenden Parteien diese Gruppe nicht gegen sich aufbringen wollen. Daher werden sie über Vertrauensschutzregelungen von Leistungskürzungen ausgenommen und profitieren von Übergangsregelungen. Betroffen davon werden hingegen die Versicherten sein, die erst viele Jahre später in Rente gehen und sich deshalb von den Maßnahmen nicht direkt angegriffen fühlen (vgl. Hinrichs 2004: 279). Dieses Reform-Muster kann bei der Riester-Rente, beim Nachhaltigkeitsfaktor und bei der Rente mit 67 entdeckt werden. Damit verzichtet der Gesetzgeber bewusst auf einen Teil der Reform-Wirkungen bzw. werden die finanziellen Entlastungswirkungen nach hinten verlagert. Andererseits erscheinen einige Vertrauensschutzregelungen auch berechtigt, da sie den rentenrechtlichen Rahmen aufrecht erhalten, auf dessen Verbindlichkeit und Beständigkeit das Planen und Handeln der Versicherten angewiesen sind; denn die persönliche Altersvorsorge kann nur langfristig gelingen, weshalb es Ankündigungs- und Übergangsfristen braucht.

Von all diesen politischen Einflussfaktoren hängen Rentenreformen ab. Neben den gesellschaftlichen Rahmenbedingungen prägen besonders die Strukturen und Prozesse des deutschen Regierungssystems die Reformanstrengungen in der GRV. Daraus erklären sich die politische Durchsetzbarkeit oder das Nicht-Zustandekommen institutionell notwendiger Reformen. Nicht erklären lassen sich damit die Geeignetheit oder die Wirkungslosigkeit von verabschiedeten Reformen zur Institutionenrestabilisierung.

6.3 Der Evolutorische Institutionalismus und die Analyse von Stabilität und Wandel der gesetzlichen Rentenversicherung

Was spricht dafür, die Analyse der GRV und ihres institutionellen Wandels anhand des Evolutorischen Institutionalismus vorzunehmen? Worin liegen seine Stärken? Ließ sich mit dem Ansatz der Forschungsgegenstand zufriedenstellend bearbeiten? Die Theorie des Evolutorischen Institutionalismus bietet systematische und ziemlich vollständige Erklärungen für die Prozesse des Werdens, des Wandels und des Vergehens von Institutionen (vgl. Patzelt 2007b: 365). Das auf der Memetik und der Systemtheorie der Evolution beruhende Konzept reformuliert und vergegenständlicht Institutionen und deren Wandel so, dass bisher Bekanntes in einem anderen Licht erscheint und dass instruktive Zusammenhänge neu entdeckt werden können. Der Begriffsapparat ist abstrakt und auf sämtliche Institutionen operationalisierbar, weshalb fallspezifische Erkenntnisse allgemein vergleich- und nutzbar werden. Ferner lässt sich der Evolutorische Institutionalismus nicht nur gestalterschließend und überzeugend auf personen-zentrierte, sondern genauso auf sach-zentrierte Institutionen anwenden wie eben auf die gesetzliche Rentenversicherung. Dabei bleiben alle Begriffe, Aussagen und Theoreme stimmig und anwendbar – mit keiner anderen System- oder Akteurstheorie hätte die GRV und ihr reformerischer Wandel so umfassend analysiert werden können.

Der Evolutorische Institutionalismus bildet die Grundlage für ein nicht-triviales Institutionenverständnis. Erstens bietet das Konzept die passende Hintergrundfolie, um Institution zu durchschauen, zu durchdenken und zu verändern. Zweitens reduziert es auf planvolle Weise die Komplexität der Wirklichkeit und macht damit die formenreiche und vielschichtige Institution der GRV leichter verständlich. Dabei nimmt der Ansatz das Wesentliche in den Blick, nämlich die zentralen Elemente und

Aspekte, die für die Stabilität und die Aufrechterhaltung der Institution sorgen: Leitideen, Geltungsansprüche, institutionelle Mechanismen. Auf diese Weise lässt sich die institutionelle Architektur systematisch erschließen: Was sind die Fundamente der Institution? Was sind die bestimmenden kulturellen Muster? Welche Mechanismen wirken? Drittens berücksichtigt der Evolutorische Institutionalismus sämtliche Ursachen und Bedingungen für den Wandel von Institutionen, nämlich nicht nur exogene, sondern auch endogene – also inner-institutionelle – Faktoren. Damit lässt sich die institutionelle Entwicklung der Rentenversicherung im Zeitverlauf vollständig nachvollziehen. Viertens eröffnet das Konzept gleichzeitig eine Perspektive auf die Mirko- wie auf die Makroebene der Institution (vgl. Patzelt 2007a: 73): Im Makroskopischen ist die GRV als ein Zweig des Sozialversicherungssystems und als ein Produkt der jüngsten deutschen Geschichte anzusehen. Im Mikroskopischen verkörpert die Rentenversicherung eine persönliche Vorsorge gegen die Risiken von Tod, Alter und Invalidität.

Der Evolutorische Institutionalismus berücksichtigt die über 120-jährige Geschichte der GRV und vermag dergestalt die gewachsene institutionelle Komplexität, gezielt und umfassend zu erfassen. Mithilfe der Memetik lässt sich die institutionelle Ordnung der Rentenversicherung beschreiben und erklären. In Abhängigkeit von ihrer Bebürdung und Fixierung, was maßgeblich von deren Alter abhängt, tragen Meme unterschiedliche Verantwortung für den Fortbestand und die Reproduktion der Institution. Jegliche Reformtätigkeit sollte sich an diesen Bebürdungsschichten orientieren; sie machen die Wirkungen von politischen Reformmaßnahmen vorhersehbarer; unintendierte Folgen von Reformen entstehen oft wegen mangelender Antizipation dieser Bebürdungsstrukturen. In der GRV tragen wichtige memetische und funktionelle Bürden: die Beitragsfinanzierung, der Bundeszuschuss, das Umlageverfahren, die Dynamisierung und die Pflichtversicherung. Eo ipso dürfen diese institutionellen Strukturen nicht in Frage gestellt werden, sonst drohen weitreichende Konsequenzen für Stabilität und Funktionstüchtigkeit der GRV – im schlimmsten Fall bräche sie zusammen. Das historische So-Geworden-Sein der Rentenversicherung – vom Wilhelminischen Kaiserreich bis heute – spielt für ihre Weiterentwicklung und für Reformmöglichkeiten eine zentrale Rolle. Dabei erklärt der Evolutorische Institutionalismus das Muster der Pfadabhängigkeit aus der Institution selbst heraus: Nämlich anhand der Memetik wird die Institution abgeschichtet und dekonstruiert, wodurch sich die Evolution der Institution entschlüsseln lässt. Demgegenüber können System- und Akteurstheorien das Phänomen der Pfadabhängigkeit zwar erkennen, aber nicht hinlänglich erklären, denn ihnen fehlt das Konzept der Meme – Ideen, Regeln, Routinen, Wertvorstellungen etc. entfalten diese wirklichkeitskonstitutive richtungsgebende Kraft.

Schließlich kann der Evolutorische Institutionalismus die Wirkungen von Reformen modellieren und damit deren Tauglichkeit einschätzen, was ihn befähigt, den Erfolg und das Scheitern institutioneller Reformen erklären zu können; dabei sind seine Aussagen klar und logisch nachvollziehbar gemäß der Evolutionstheorie. Der evolutionstheoretische Fitnessbegriff erlaubt es Reformvorhaben nicht nur ex post, sondern auch ex ante zu evaluieren, was ihm prognostische Kraft verleiht (vgl. Lempp 2007a: 406). Insgesamt eignete sich das Konzept in umfänglicher Weise zur Beantwortung der Forschungsfrage. Generell kann die Politikberatung auf diese Theorie zurückgreifen, um sämtliche Institutionen und deren Wandel zu analysieren und um institutionelle Reformprozesse so anzuleiten, dass die gewünschten Ergebnisse eintreten und Institutionen nachhaltig stabilisiert werden. Auf diese Wiese kann der Evolutorische Institutionalismus helfen, den Grad an politischer Steuerung zu optimieren, denn Schmähl kritisiert in Hinblick auf Rentenreformen zu Recht:

> „Allzu oft mangelte es an konzeptionsgerechten und langfristig orientierten politischen Entscheidungen, die das System nicht überfordern“ (Schmähl 2007b: 27).

Literatur

Beyer, Jürgen/Stykow, Petra, 2004: Steuerung gesellschaftlichen Wandels: Utopie oder Möglichkeit?, in: Stykow, Petra/Beyer, Jürgen (Hrsg.), Gesellschaft mit beschränkter Hoffnung. Reformfähigkeit und die Möglichkeit rationaler Politik. Festschrift für Helmut Wiesenthal, Wiesbaden, S. 9-39.

Bomsdorf, Eckart, 2008: Renten. Lieblingsspielzeug der Politiker?, in: Wirtschaftsdienst. Zeitschrift für Wirtschaftspolitik, Jahrgang 88, Heft 4, S. 221.

Bomsdorf, Eckart, 2007: Viele Detailregelungen sind unzureichend bedacht, in: Orientierungen zur Wirtschafts- und Gesellschaftspolitik, Heft 111, S. 24-26.

Bomsdorf, Eckart, 2001: Nach der Rentenreform ist vor der Rentenreform – auch die jüngsten Maßnahmen lösen die Probleme der GRV nicht dauerhaft, in: Zeitschrift für Wirtschaftspolitik, Jahrgang 50, Heft 2, S. 142-158.

Bourcarde, Kay, 2011: Die Rentenkrise: Sündenbock Demographie. Kompromissbildung und Wachstumsabkopplung als Ursachen von Finanzierungsengpässen, Wiesbaden.

Bruno-Latocha, Gesa/Grütz, Jens, 2001: Zusätzliche Altersvorsorge im Altersvermögensgesetz (AVmG), in: Deutsche Rentenversicherung, Jahrgang 56, Heft 6-7, S. 401-424.

Bünnagel, Vera/Eckhoff, Johann, 2007: Zahlreiche Korrekturen und Anpassungen, aber keine systematische Lösung, in: Orientierungen zur Wirtschafts- und Gesellschaftspolitik, Heft 111, S. 23-24.

Bundesministerium für Arbeit und Soziales (Hrsg.), 2011: 193.000 neue Riester-Verträge im ersten Quartal 2011. Bestand wächst auf 14,6 Millionen, Pressemitteilung vom 16.5.2011, in: http://www.bmas.de/DE/Service/Presse/Pressemitteilungen/riester-renten-statistik.html (4.8.2011).

Bundesministerium für Arbeit und Soziales (Hrsg.), 2010: Bericht der Bundesregierung über die gesetzliche Rentenversicherung, insbesondere über die Entwicklung der Einnahmen und Ausgaben, der Nachhaltigkeitsrücklage sowie des jeweils erforderlichen Beitragssatzes in den künftigen 15 Kalenderjahren gemäß § 154 Abs. 1 und 3 SGB VI (Rentenversicherungsbericht 2010), Berlin.

Demuth, Christian, 2007a: Institutionen und ihre endogenen Systembedingungen. Die Ordnung des Institutionellen, in: Patzelt, Werner J. (Hrsg.), Evolutorischer Institutionalismus. Theorie und exemplarische Studien zu Evolution, Institutionalität und Geschichtlichkeit, Würzburg, S. 415-448.

Demuth, Christian, 2007b: Institutionen und ihre Stabilität, in: Patzelt, Werner J. (Hrsg.), Evolutorischer Institutionalismus. Theorie und exemplarische Studien zu Evolution, Institutionalität und Geschichtlichkeit, Würzburg, S. 449-480.

Deutsche Rentenversicherung Bund (Hrsg.), 2011: Rentenversicherung in Zahlen 2011, Berlin.

Deutsche Rentenversicherung Bund (Hrsg.), 2010a: Von Altersgrenze bis Zeitrente – das Rentenlexikon, Berlin.

Deutsche Rentenversicherung Bund (Hrsg.), 2010b: Sozialgesetzbuch. Sechstes Buch. Gesetzliche Rentenversicherung. Text und Erläuterungen, Berlin.

Döring, Diether, 2000: Grundlinien der langfristigen Systementwicklung der gesetzlichen Rentenversicherung – Personenkreis, Rentenformel, Finanzierung, in: Fisch, Stefan/Haerendel, Ulrike (Hrsg.), Geschichte und Gegenwart der Rentenversicherung in Deutschland. Beiträge zur Entstehung, Entwicklung und vergleichenden Einordnung der Alterssicherung im Sozialstaat, Berlin, S. 169-187.

Dünn, Sylvia/Fasshauer, Stefan, 2001: Die Rentenreform 2000/2001 – Ein Rückblick, in: Deutsche Rentenversicherung, Jahrgang 56, Heft 5, S. 266-275.

Glombik, Manfred, 2007: Die große Rentenreform von 1957, in: Orientierungen zur Wirtschafts- und Gesellschaftspolitik, Heft 111, S. 16-18.

Hardach, Gerd, 2007: Der Generationenvertrag braucht Wachstum und Vollbeschäftigung, in: Orientierungen zur Wirtschafts- und Gesellschaftspolitik, Heft 111, S. 21-23.

Hain, Winfried/Lohmann, Albert/Lübke, Eckhard, 2004: Veränderungen bei der Rentenanpassung durch das „RV-Nachhaltigkeitsgesetz", in: Deutsche Rentenversicherung, Jahrgang 59, Heft 6-7, S. 333-349.

Hinrichs, Karl, 2004: Alterssicherungspolitik in Deutschland: Zwischen Kontinuität und Paradigmenwechsel, in: Stykow, Petra/Beyer, Jürgen (Hrsg.), Gesellschaft mit beschränkter Hoffnung. Reformfähigkeit und die Möglichkeit rationaler Politik. Festschrift für Helmut Wiesenthal, Wiesbaden, S. 266-286.

Igl, Gerhard, 2007: Grundsatzfragen der Alterssicherung – Sinn und Ausprägung der Rentenversicherung, in: Becker, Ulrich/Kaufmann, Franz-Xaver/Maydell, Bernd Baron von/Schmähl, Winfried/Zacher, Hans F. (Hrsg.), Alterssicherung in Deutschland. Festschrift für Franz Ruland zum 65. Geburtstag, Baden-Baden, S. 43-55.

Klenk, Tanja, 2008: Innovation und Kontinuität. Die Organisationsreform in der gesetzlichen Rentenversicherung, Wiesbaden.

Lampert, Heinz/Bossert, Albrecht, 2007: Die Wirtschafts- und Sozialordnung der Bundesrepublik Deutschland im Rahmen der Europäischen Union, München.

Leibfried, Stephan/Köppe, Stephan/Starke, Peter, 2008: Sozialpolitik. Konzepte, Theorien und Wirkungen, Bremen.

Lempp, Jakob (unter Mitarbeit von Werner J. Patzelt), 2007a: Evolutionäre Institutionentheorie, in: Patzelt, Werner J. (Hrsg.), Evolutorischer Institutionalismus. Theorie und exemplarische Studien zu Evolution, Institutionalität und Geschichtlichkeit, Würzburg, S. 375-413.

Lempp, Jakob, 2007b: Ein evolutionstheoretisches Modell zur Analyse institutioneller Reformen. Fallanalyse: Die Reform des Auswärtigen Amts, in: Patzelt, Werner J. (Hrsg.), Evolutorischer Institutionalismus. Theorie und exemplarische Studien zu Evolution, Institutionalität und Geschichtlichkeit, Würzburg, S. 599-639.

Patzelt, Werner J., 2007a: Evolutionsforschung in der Politikwissenschaft. Eine Bestandsaufnahme, in: Patzelt, Werner J. (Hrsg.), Evolutorischer Institutionalismus. Theorie und exemplarische Studien zu Evolution, Institutionalität und Geschichtlichkeit, Würzburg, S. 59-93.

Patzelt, Werner J., 2007b: Institutionalität und Geschichtlichkeit in evolutionstheoretischer Perspektive, in: Patzelt, Werner J. (Hrsg.), Evolutorischer Institutionalismus. Theorie und exemplarische Studien zu Evolution, Institutionalität und Geschichtlichkeit, Würzburg, S. 287-374.

Pilz, Frank (unter Mitarbeit von Bernadette Weike), 2004: Der Sozialstaat. Ausbau – Kontroversen – Umbau, Bonn.

Reimann, Axel, 2007: Anmerkungen zum RV-Altersgrenzenanpassungsgesetz, in: Deutsche Rentenversicherung, Jahrgang 62, Heft 4-5, S. 181-196.

Reimann, Axel, 2004: Der RV-Nachhaltigkeitsgesetz – Gesamtwirkungen und Bewertung, in: Deutsche Rentenversicherung, Jahrgang 59, Heft 6-7, S. 318-331.

Rische, Herbert, 2009: Die Alterssicherung in der neuen Legislaturperiode, in: Deutsche Rentenversicherung, Jahrgang 64, Heft 6, S. 471-477.

Rische, Herbert, 2007a: Alterssicherung im Spannungsfeld zwischen öffentlicher und privater Vorsorge, in: Blanke, Hermann-Josef (Hrsg.), Die Reform des Sozialstaats zwischen Freiheitlichkeit und Solidarität, Tübingen, S. 165-182.

Rische, Herbert, 2007b: Schwerpunkte der Aktivitäten der Deutschen Rentenversicherung, in: Deutsche Rentenversicherung, Jahrgang 62, Heft 7, S. 403-408.

Rische, Herbert, 2006a: Aktuelle Reformdiskussionen in der gesetzlichen Rentenversicherung, in: Deutsche Rentenversicherung, Jahrgang 61, Heft 11-12, S. 670-675.

Rische, Herbert, 2006b: Wie lässt sich das Vertrauen in die gesetzliche Rentenversicherung wieder stärken?, in: RV aktuell. Fachzeitschrift und amtliche Mitteilung der DRV, Jahrgang 53, Heft 1, S. 2-7.

Rürup, Bert, 2006: Rentenreform: Weiterentwicklung statt Systemwechsel, in: Zimmermann, Klaus F. (Hrsg.), Deutschland – was nun? Reformen für Wirtschaft und Gesellschaft, München, S. 75-101.

Rürup, Bert, 2005: Nach dem Nachhaltigkeitsgesetz und dem Arbeitseinkünftegesetz – Was bleibt zu tun?, in: ifo Schnelldienst, Jahrgang 58, Heft 12, S. 22-28.

Schmähl, Winfried, 2011: Warum ein Abschied von der „neuen deutschen Alterssicherungspolitik“ notwendig ist, Bremen.

Schmähl, Winfried, 2007a: Alterssicherungspolitik im Wandel – Anmerkungen zu grundlegenden Reformen der gesetzlichen Rentenversicherung, in: Becker, Ulrich/Kaufmann, Franz-Xaver/Maydell, Bernd Baron von/Schmähl, Winfried/Zacher, Hans F. (Hrsg.), Alterssicherung in Deutschland. Festschrift für Franz Ruland zum 65. Geburtstag, Baden-Baden, S. 291-314.

Schmähl, Winfried, 2007b: Die Einführung der „dynamischen Rente“ 1957. Gründe, Ziele und Maßnahmen – Versuch einer Bilanz –, Bremen.

Schmähl, Winfried, 2007c: Die Prinzipien von 1957 sind noch immer tragfähig, in: Orientierungen zur Wirtschafts- und Gesellschaftspolitik, Heft 111, S. 18-20.

Schmidt, Manfred G., 2008: Was ist Alter? Die Perspektive der Politikwissenschaft, in: Staudinger, Ursula M./Häfner, Heinz (Hrsg.), Was ist Alter(n)? Neue Antworten auf eine scheinbar einfache Frage, Berlin, S. 139-145.

Schmidt, Manfred G., 2005: Sozialpolitik in Deutschland. Historische Entwicklung und internationaler Vergleich, Wiesbaden.

Sinn, Hans-Werner, 2005: Ist Deutschland noch zu retten?, Berlin.

Steffen, Johannes, 2011: Sozialpolitische Chronik. Rentenversicherung seit 1978, Bremen.

Stuchlik, Andrej, 2010a: „Alterssicherungspolitik“ – Politikwissenschaftliche Erklärungsansätze für Reformen, in: Stuchlik, Andrej (Hrsg.), Rentenreform in Mittel- und Osteuropa. Impulse und Politikleitbilder für die Europäische Union, Wiesbaden, S. 71-92.

Stuchlik, Andrej, 2010b: Einleitung: Rentenkrisen – Impulse und Politikfelder für die Europäische Union?, in: Stuchlik, Andrej (Hrsg.), Rentenreform in Mittel- und Osteuropa. Impulse und Politikleitbilder für die Europäische Union, Wiesbaden, S. 7-14.

Trampusch, Christine, 2006: Sequenzorientierte Policy-Analyse. Warum die Rentenreform von Walter Riester nicht an Reformblockaden scheiterte, in: Berliner Journal für Soziologie, Jahrgang 16, Heft 1, S. 55-76.

Wagschal, Uwe, 2009: Deutschland im Reformstau? Eine Einleitung, in: Wagschal, Uwe (Hrsg.), Deutschland zwischen Reformstau und Veränderung. Ein Vergleich der Politik- und Handlungsfelder, Baden-Baden, S. 13-31.

www.ingramcontent.com/pod-product-compliance
Lightning Source LLC
La Vergne TN
LVHW051121051026
849532LV00004BB/1627
9783531193250